国家治理体系和治理能力研究书系

四川县域▼治理多样模式的理论与实践研究

刘伟／著

西南财经大学出版社

四川·成都

图书在版编目(CIP)数据

四川县域治理多样模式的理论与实践研究/刘伟著.—成都:西南财经
大学出版社,2023.9
ISBN 978-7-5504-5944-1

Ⅰ.①四… Ⅱ.①刘… Ⅲ.①县—地方政府—行政管理—研究—四
川 Ⅳ.①D625.71

中国国家版本馆 CIP 数据核字(2023)第 174264 号

四川县域治理多样模式的理论与实践研究

SICHUAN XIANYU ZHILI DUOYANG MOSHI DE LILUN YU SHIJIAN YANJIU

刘 伟 著

策划编辑:冯 梅 何春梅
责任编辑:何春梅
责任校对:肖 翀
封面设计:墨创文化 张姗姗
责任印制:朱曼丽

出版发行	西南财经大学出版社(四川省成都市光华村街 55 号)
网 址	http://cbs.swufe.edu.cn
电子邮件	bookcj@swufe.edu.cn
邮政编码	610074
电 话	028-87353785
照 排	四川胜翔数码印务设计有限公司
印 刷	四川煤田地质制图印务有限责任公司
成品尺寸	170mm×240mm
印 张	12.75
字 数	252 千字
版 次	2023 年 9 月第 1 版
印 次	2023 年 9 月第 1 次印刷
书 号	ISBN 978-7-5504-5944-1
定 价	78.00 元

前　言

　　县域是基层治理中十分重要的结构性层级，也是中国千百年来最稳定的基层单元。时至今日，县域在我国国家治理体系特别是社会治理体系中的作用依然关键。基层治理中的全部要素，比如治理结构、治理主体、治理资源、治理责权、治理内容、治理领域等，都可在县域治理体系中实现对应。从行政层级来看，县域是几乎囊括了所有治理要素的末端行政层级，具有市州层级、街镇和社区层级均无法替代的独特特征。在基层治理中，县域是将千头万绪的治理要素进行协调与统筹，并作出整体布局的结构性层级。基层治理的具体效能，很大程度上同县域的"统合治理"密切相关。同时，县域也是国家行政力量直面我国多元多样的基层社会时的最后一级完整政府，是国家与社会相连结的重要"接点"。这些特征，均指向了县域在治理体系中结构位置的"稳定性"。

　　实际上，"稳定性"无法完全概括县域治理在基层治理中的全部功能。在广土众民的中国基层社会，"多元多样"才是真实的社会底色。从这个意义上讲，兼具包容性与灵活性的"柔韧性"，才是县域治理在助力中国基层社会的协调运行与稳定发展中的重要特征。如果说"稳定性"代表了县域治理在基层治理功能中的底层逻辑，那么"柔韧性"则代表了县域治理在面对多元多样的基层社会形态时，从治理有效的角度做出的创造性探索。本书中，笔者试图通过呈现若干点状的经验实践案例，从实务者和操作性的角度出发，描述出县域治理在"稳定性"与"柔韧性"之间的内在张力与相互关联。

　　本书的经验案例主要来自四川。与大部分东部、中部地区不同，区域社会发展的非均衡性是当前四川的基本省情。四川省作为我国西部地区的内陆大省，社会形态多元多样、治理情境复杂多变，民族、地貌、资源禀赋差异较大，既有超大城市也有工业城镇，既有发达乡村也有民族村落，发展不平衡与不充分的矛盾突出，同东部、中部相比，其基层治理具有十分明显的区域特色，遵循着较为不同的理论与实践逻辑，是中国"广土众民"特性的集中体现区域。近年来，以成都为代表的四川各地，在社会治理领域精耕细作，积累了大量的实践经验，面对多元多样、发展进程不一的社会形态，探索构建了符合四川省情的基层社会治理格局。其中，对县域治理的多样化的探索，在某种意义上是"无心插柳"的结果。我们能够看到，四川省在省域、市域（特别是成都市）、村社、小区等层面都有大量的经验探索与创新实践，积累了诸多的创新经验，但在县域层面的治理经验并不多。究其原因，主要在于县域的特殊性：县域既无法像市（州）域及以上的行政单元那样在区域社会治理的顶层设计上具有统筹优势，也无法像村社、小区乃至街镇等治理单元那样可与广大人民群众产生直接的互动。其治理绩效往往"隐藏"在市域和街镇以下的治理单元之中，难于"显化"和被"看见"。本书虽然看起来是一些"碎片化""经验化"的工作"片段"的整合，但却试图呈现当下县域治理在实践领域的各个层面。笔者十分希望通过微薄之力，透过一些精选具体经验事件，尽力概括出县域治理行动背后的不同面向上的整体性逻辑，将县域治理的深层次绩效显现出来，同时勾勒出县域治理在当代理论与实践中的整体画像。

具体而言，本书的内容可大体归类为如下部分：

绪论部分。主要立足理论分析，明确县域治理在国家治理与社会治理体系中的"结构性"位置，以此作为后面章节的理论框架，进而成为本书分析县域治理各级各类经验案例的理论起点。

理论阐述，主要集中在第一章与第二章。第一章从县域治理的总体逻辑出发，阐述了县域治理的两个特征：一方面，县域治理是打造基层治理共同体的过程之一，这一"共同体"需要具有"能动性"，因此本章特别对"能动性"做了分析性阐述；另一方面，基层治理"共同体"的打造，还需要兼顾基于本土社会情境的"创造性"行动。概而言之，就是要在保持县域社会结构稳定性的同时，兼顾县域社会情境的地方多元性。第二章则基于"县域统合"与"多元主体"两个关键特征，具体阐述了县域治理在基层治理共同体打造时所遵循的逻辑。也即，一方面需要做到县域统合，另一方面需要兼顾基层治理中多元主体的不同诉求。

县域统合的治理模式研究，主要集中在第三章与第四章。第三章呈现了县域统合治理自上而下的模式，通过对四川 W 区近五年来的县域总体式治理模式的系统阐述，完整呈现了县域治理如何从最初作出"总体性"的通盘设计，到分步进阶、逐步发展的县域治理的总体脉络。第四章则呈现了县域统合治理自下而上的模式，通过四川J区近5年以来经由特定的项目实施，从城市生命周期中不同的进阶发展阶段的基层治理可能面临的不同问题的角度，对社区作出分类探索，最后组合成县域整体统筹治理的县域统合模式。两种模式均具有县域统合治理的理论与实践意义。

县域治理视域中的街镇与（村）社区关系研究，主要集中在第五章和第六章。在县域里，街镇与（村）社区的关系十分重要，街镇处在行政体系的末端而代表国家，社区则为群众自治的基层组织而代表社会。在实践中，街镇与社区建立起密切的连结关系，特别是街镇和社区中的群众建立起密切的连结关系是基层治理的重要内容。这需要跳出街镇与社区，站在县域的角度进行审视。第五章，笔者在对X街道的治理工作经验进行观察的基础上，对街道在基层治理中的结构性位置作了初步的分析。第六章，笔者以F街道在G社区开展的一项社区治理项目为观察对象，总结发现了建立街镇与社区之间"强链接"关系的具体做法及其背后的逻辑。

县域治理视域中的乡村治理研究，主要集中在第七章。在四川，乡村是县域中更为广泛存在的基层形态。已有研究者对乡村治理的内在逻辑做出大量的实证研究并累积了丰富且富有洞见的结论，一些结论在较为广泛的层面上已达成共识。那么，站在县域的角度，该如何重新审视乡村治理，特别是对于地处西部、区域发展状况并非"均衡"的地区，还有哪些经验现象值得被关注？笔者尝试从"发展权能"和"治理权能"相结合的角度，审视西部地区乡村的治理效能的达成逻辑。只有从"县域"的视角进行审视，方能作出全面的分析。

县域治理中值得进一步关注的其他方面，主要集中在第八章到第十章。这些方面，笔者还没能在本书研究中获得饱满的经验，但依然认为其十分值得被记录与进一步研究。在这里，笔者主要记录了三个片段。首先是县域治理中的小区治理研究，主要为第八章。居民小区治理对今天的基层治理的重要性已不言而喻。从实际工作来看，是否有县域治理的理念，似乎与开展小区治理的具体工作"关联不大"。那这一部分的意义究竟是什么呢？实际上，当立足县域治理后，治理主体能对小区治理工作与治理工具的现实有效性进行更准确的评价。本书中，我们选择了两个小区的治理案例来呈现小区治理的经验。其次是县域治理中的群众参与研究，主要为第九章。如何从县域的层面统筹资源、形成制度、激发群众的参与热情，"资源交易所"和"时间银行"是正在探索中的办法。第九章对四川

X 区的实践做了经验层面的记录。最后是跨县域合作治理研究，主要为第十章。跨县合作，是基层治理中比较容易被忽略的一个方面，笔者在这一部分抛砖引玉提出了自己的一些思考。

概而言之，本书可定位为一项关于县域治理的探索性研究，是对四川特定时代的县域治理经验的记录。作者将近 5 年以来在四川各地参与观察和实地调研的经验案例集中整理出来，放置在县域治理的视域下重新审视，在理论与经验之间找到一个笔者认为合适的位置，重新将经验案例背后的县域治理内涵作出初步的、带有一定理论色彩的揭示和呈现。之所以取名为《四川县域治理多样模式的理论与实践研究》，笔者主要希望表达和传递本书介于理论与经验之间的特点，以此记录四川在广泛探索中国特色基层治理"应然"逻辑道路上曾做过的"实然"努力。

刘伟

2023 年 6 月

目　录

绪论　县域在基层治理中的"结构性"位置

"郡县治，则天下无不治"——司马迁《史记》。

中国传统社会中，县级政权一直是最稳定的基层治理单元，县域治理历来为安邦定国的基础。党的二十大报告、十九届四中全会报告、十九届五中全会报告以及《中共中央　国务院关于加强基层治理体系和治理能力现代化建设的意见》等重要文件的指示精神，勾勒出了基层治理体系和治理能力现代化的总体布局与阶段目标。在这一系统中，乡镇（街道）、村（社区）分别为行政体系的末端组织与广大群众的自治组织，他们构成了基层治理体系的核心组织单元，同时，国家对基层社会在中国特色社会主义现代化目标下的再组织与再整合成为了基层治理的重要目标之一，当下全国各地基层治理的示范探索主要针对探索这一目标的实现路径而具体展开。

大量的组织研究以及世界各地的基层执政经验表明，对组织的有效治理需要以刚性的制度性规则作为秩序保障，以及以柔性的创造性空间作为活力保障。这既要求政府在基层治理体系中，对基层组织做到总体性的统筹治理与系统治理，还能持续激发社会多元主体的创造性与能动性。如此，方能既巩固国家基层政权，又实现"满足人民日益增长的美好生活需要"这一重要目标。基层治理中乡镇（街道）、村（社区）的组织权责归位，直接关乎基层治理体系能否良性运行，是国家与社会良性互动、上下一体的最直接、最深刻之体现。这更加需要将两级组织放置在制度与规则的设计与制定的适宜层级中来进行总体性统筹，而县域政权（相对于市州域政权）因直接面对民众、服务民众，是功能完备的最后一级基层政府，其在基层治理体系中，对治理指令、治理资源与治理主体的总体性统筹作用无法替代，意义重大。

第一节 "县域"何以成为基层治理体系的重要结构性层级

县级政权是中国基层两千年以来最完整、最稳定的基层行政单元。如果将县域视为基层治理的"有机体"进行整体统筹、系统谋划和总体布局，进而构建县域基层治理体系，那么县域至少在体系坐标、功能坐标、目标坐标、技术（工具）坐标以及价值坐标五个方面，发挥着其他行政治理单元无法替代的作用。"县域"因更能回应基层治理体系与治理能力的现实问题，而成为适合构建基层治理体系的结构性层级。

一、体系坐标：社会治理与基层治理在县域"转接"

党的二十大报告、十九届四中全会报告、十九届五中全会报告等党的重要文件精神，深刻揭示了国家治理体系、社会治理体系与基层治理体系之间的有机关联。一方面，社会治理体系是国家治理体系的功能性"子系统"，基层治理体系则是社会治理体系的有机组成部分；另一方面，基层治理是国家治理的基石，统筹推进乡镇（街道）和城乡社区治理，是实现国家治理体系和治理能力现代化的基础工程。正因为其为一项系统工程，因此既不能脱离国家治理体系与社会治理体系，也不能脱离国家治理基石来谈基层治理，而应从将维护基层社会的稳态性作为基层治理的底色这一结构性功能的角度来谈基层治理。将基层治理的执行组织层级定位为乡镇（街道）与村（社区）的同时，还应当将承担社会治理与基层治理的有机链接、指令转化、资源互通、主体连结等功能的枢纽组织层级定位于县域，才是实现社会治理与基层治理有效衔接，促进社会治理"有机体化"（王春光，2021）的题中之义。这是因为，"县域"是基层直面社会的最后一级完整政府，可被看作国家治理体系落地基层治理的总揽中枢，承担上衔下畅的重要职能，其既要有效承接中央、省、市对基层治理的核心关切，又要做到总体布局、系统设计、全域构建、统筹多元，还要做到直面基层、团结群众、回应关切、落地执行、激活社会。这也同时表明，县域基层治理体系，当有效发挥国家治理、社会治理与基层治理"转接域"的功能。

二、功能坐标：条状指令与块状分工在县域“整合”

国家治理是一项有着“总体性治理”（曹正汉，2011；周雪光，2011；陈家建 等，2019）特征的系统工程，从党委政府的维度来看，有关国家治理的各项行政指令与治理资源经由任务分解后在科层体系中逐级传递，因此执行指令时，呈现明显的条状层级特征。基层治理作为国家治理体系的“基础”部分，当充分体现国家意志，衔承“总体性治理”之逻辑，将条状指令有效传递到基层社会中去，尽全力确保行政指令执行有效。然而，社会治理与基层治理同时有着“多元参与治理”的目标属性，从治理效能的角度来看，须做到统筹各条线治理力量集成推进，以及多元主体形成优势互补、共担权责、共建共治、共享权益的分工与合作。国家治理经由纵向行政指令所延展出的权责、资源、关系、事项等治理格局，同基层治理经由横向“多元参与”所延展出的治理主体间共建、共治、共担、共享的治理格局，在乡镇（街道）、村（社区）两个场域“相遇”并产生张力，亟待在县域进行整合统筹，以形成厘清条状指令与复杂的块状分工间的协同模式。这也表明，县域基层治理体系，应发挥将条状指令与块状分工有效整合的“整合域”功能。

三、目标坐标：基层秩序与社会活力在县域“调控”

基层治理的理想状态，是秩序与活力的高度统一。面对二者常常此消彼长的矛盾与张力，应形成有效的制度性安排，在促进社会秩序达成的同时，还能令社会活力在制度框架下，被有边界地充分表达。一套执行有效的制度安排，应兼具规制性、规范性与“文化-认知”性，这也构成了制度秩序的三个不断深入的核心要素，这意味着一方面既要对参与基层治理多元主体的责权边界形成规制性约束，还要进一步令多元主体的能动性和创造性形成规范性行动，最终还要将上述规制性、规范性内化为多元主体的文化认知，转化成其高度的认同自觉；另一方面还要为社会活力的充分施展留足空间，避免“一管就死、一放就乱”。乡镇（街道）、村（社区）间在秩序与活力的着力上，优势互补、相互侧重，乡镇（街道）侧重秩序构建以提升基层政权能力，村（社区）侧重激发活力以提升“三治”（自治、法治、德治）融合能力，而“县域”则通过制度性安排发挥重要的“调控”职能，成为基层治理体系中基层秩序与社会活力的重要“调控域”。

四、技术坐标：治理空间与治理要素在县域"分配"

基层社会无限复杂，基层治理事无巨细。由于基层治理涉及区县—乡镇（街道）—村（社区）—小区（院落）等多层多级的治理单元，以及乡村、城市、产业和不同城市化进阶阶段的差异化城市类型等多元多样的空间形态，同时多个条块行政部门分别支配下的治理资源，令基层治理工作千头万绪、难于运筹帷幄。选择将治理空间与治理要素进行密切配合及精准分配是基层治理中的重要治理技术，也是理顺和厘定基层治理"千头万绪"，撬动基层治理以一持万的重要切口。一方面，应从城镇化进阶与人口流动趋势两方面明确基层治理空间单元的人口承载、服务承载、需求响应和要素配备，打破体制与资源壁垒，对基层治理作出四两拨千斤的空间布局；另一方面，要通过空间治理的方式，将基层治理的复杂性以具体化与聚焦化的方式实现明确化，使得多层多级、多元多样的治理单元与分散在条块和社会上的治理资源等治理要素，围绕明确了的治理空间进行集成聚焦与导入聚焦。基于我国的城乡基层现实，对治理空间与治理要素的精准分配，需要较强的治理技术，而"县域"是更能保证该项效能的"分配域"。

五、价值坐标：多元诉求与价值一体在县域"平衡"

"多元参与治理"既是中央对基层治理的目标导向，更是体现"以人民为中心"理念，满足人民群众不断增长的美好生活需要，构建基层社会共同体的根本要求（刘伟，2019）。基层社会共同体的构建，当充分体现"多元一体"的价值遵循，使得基层治理共同体的价值体系兼顾一般性与地方性。"多元"即指满足多元诉求，有两个方面的含义，一是统筹基层各条线治理力量集成推进，推动政府治理同社会调节、居民自治良性互动；二是激活"政府—企业—社会"等多元主体有序、有效地参与到社会治理中来，形成基层"政府—企业—社会"共担治理权责，构建"共建共治共享"的基层社会共同体。县域是基层最后一级完整政府，责无旁贷地成为"政府—企业—社会"三方有序互动的组织单元、制度设置与系统规划的层级。"一体"指构筑"价值一体"，即将"价值一体"贯穿于基层治理体系的方方面面，通过基层社会共同体建设，在基层社会关系与基层治理主体两个层面，形成在党建引领下基层政权治理能力与群众自治能力不断增强，普通群众相互支持、友善和谐的日常生活状态。多元主体对基层治理的体制机制、制度安排、价值观念等展现出高度的行动自觉、规范自觉、认同自觉与意识自觉。这需要基层治理体系具备强大的价值引领力，不仅兼具多元诉求的满足力与价值一体的构筑力，还能有效地平衡二者间的张力，而这在基层的各单元中，需要"县域"的统筹力方能有效平衡，需要"县域"成为基层治理体系中的价值"平衡域"。

第二节　"县域"是基层治理体系中的重要"接点"

在基层治理体系中，"县域"同其他治理单元有较为明显的区别，是国家治理与社会治理、社会治理与基层治理的关键"接点"（王敬尧，2022）。县级政府在国家行政体系中处于承上启下的关键位置（刘成良，2022），是行政体系面向基层社会的一级"完整"政府，在经济发展、社会管理、基层治理、民生服务等涉及经济社会生活的方方面面的领域之中发挥重要作用。与此不同，街道则是区县政府的派出机构。乡镇虽然是直面基层社会的最后一级政府，但其职能并未覆盖经济社会全部领域，比如一些具体的执法权限缺乏等，因此从基层治理的角度审视，其无法实现对"条块"体系进行全面的资源动员与整合。具体而言，"县域"在基层治理体系中，至少是如下几个方面的"接点"。

一、秩序与活力

秩序与活力是基层治理的两个核心主题。在基层治理体系中，治理秩序与活力需要共生发展。然而，在县域行政指令落地执行中，标准化、体系化的制度"秩序"，以及多元化、复杂化的社会"活力"之间存在较难平衡的紧张关系。"县域"既是制度体系面向社会时，行政指令的最佳承接者，也是党委政府面向基层时，社会活力的最直接激发者，是制度"秩序"与社会"活力"的直接治理"接点"，处在决定县域社会秩序与活力能否达致平衡的关键性位置上。因此，"县域"在基层治理中需要做好制度体系与社会活力之间的有效"接点"。

二、发展与治理

发展与治理是基层治理的一体两面，需要互助互促。治理效能可以通过"点状"创新突破来提高，但发展效率却需要"面上"整体提质。发展提质与治理提效的有机联动，既非市域层级可直面操作以达成，比如相对于市域层级，"县域"更有面向社会的操作性；又非街镇、社区、小区层级可协调实现，比如"县域"更能统筹协调发展性资源，促进社区发展有效实现。可见，"县域"是发展与治理在操作层面最为恰当的统筹"接点"，处在提升发展质量与增强治理效能统筹并进的关键性位置上。因此，"县域"在基层治理中需要做好发展提质与治理提效联动的有效"接点"。

三、体制与机制

体制与机制是基层治理体系的"四梁八柱"。"体制"更多指向组织制度体系，具有层级性、一定的"刚性"和顶层设计性，其一旦确定，基层必须遵照执行；"机制"则指为达到各级工作目标，各级主体在特定指示精神指导下，探索形成可解决问题的路径与模式，具有灵活性与能动性。"县域"是统筹体制与机制效能叠加、有机配合的最佳层级。一方面，区县级政权作为基层最完整的政权组织，可确保市域层制定的各项制度指令全面实施与坚决贯彻；另一方面，"县域"更可把握方向，指导域内各级各类工作机制有效建立、发挥资源整合作用、形成保障。"县域"处在承续制度体系与建立有效机制的关键性位置上。因此，"县域"在基层治理中需要做好社区发展治理体制与机制的有效"接点"。

四、组织与群众

党建引领是基层治理的核心方法，增强组织与群众的密切连接，是基层治理的重要目标。从组织体系来看，"一竿子插到底"的管理模式容易形成上大下小、头重脚轻的倒置问题，使得组织建设在基层"悬浮化"，令部分基层群众与流动人口游离于组织之外，归属感不强，导致基层组织对群众的社会动员力不强。对于增强组织与群众的密切连接，"县域"的统筹与平衡极为关键。组织建设是城乡社区发展治理的基石与底盘，在基层理所应当由"县域"统筹推进并夯实根基。那么如何形成组织体系与群众的密切关联呢？这既需要"县域"以"集成"的方式筑强网底，又需要"县域"鼓励创新、勇于探索，不断释放基层活力以激发群众形成公共归属感。因此，"县域"在基层治理中需要统筹谋划做好基层组织建设与群众公共归属之间密切连接的有效"接点"。

五、集成与创新

集成与创新并行推动，是"县域"城乡社区发展治理需要破解的操作路径之题，也可被看作是"县域"城乡社区发展治理的题中之义。如今，各地的探索经验表明，"秩序与活力""发展与治理""体制与机制""组织与群众"的有效"接点"，落点在"县域"，均可体现为集成与创新的有效"连接"。一方面，"县域"发展治理需要在制度体系、组织建设、资源整合、服务供给、人才建设等领域集成推动；另一方面，"县域"发展治理需要鼓励创新，在精细治理、分类治理、多元服务、社会活力等方面充分激发广大社会组织与群众参与城乡社区发展治理的创造性，做到二者之间的有效"对接"。因此，"县域"在基层治理中还需要做到集成推动与创新突破之间的有效"接点"。

六、多元与一致

我国幅员辽阔、广土众民，社会形态多元多样，在社会多元多样性的背后，往往是文化的多元多样性，这种文化与社会的多样性可在"县域"这一重要的基层单元得到反映。可以说，县级党委政府牢固嵌入于我国的行政体制当中，可在确保我国在行政指令、政策执行等行政施策的一致性的同时，兼顾多元多样的丰富性，兼顾我国幅员辽阔、广土众民、地方社会文化情境多样性，以及不同经济发展阶段、不同社会发育水平的逐级进阶性。因此，"县域"在基层治理中，还需要做到地方社会多元样态与县域治理的一致目标之间的有效"接点"。

第一章　县域治理的总体布局

近年来，中央有关社会治理的大政方针经由各地的创新探索，形成了政策视域下多元多样的理论观照与鲜活经验。从总体来看，行政权力与资源的"条块"分割、县级及其以下部门的"低治理权"（陈家建 等，2019）、部门工作的"中心任务"化（仇叶，2023）、县域权责不等、赋能困难（刘锐 等，2022）等问题成为讨论焦点。县域是基层治理的关键层级，基层治理中各级各类主体间的复杂互动往往表现在县域，这指向了基层治理共同体打造的必要性。

第一节　总体问题：打造县域基层治理共同体

早在党的十九届四中全会时，中央便已明确提出建设"社会共同体"，在《中共中央　国务院关于加强基层治理体系和治理能力现代化建设的意见》中，进一步鲜明提出建设"基层治理共同体"的目标任务。这表明，不论在社会系统还是在基层社会系统中，以"人人有责、人人尽责、人人享有"为目标的基层治理"共同体"还处在正在建设形成的过程中。由此，构筑社会治理"共同体"是一项需要通过系统的治理手段因地制宜、分类指导、分层推进、分步实施来实现的过程。换言之，这个过程不会一蹴而就，而是需要分步骤、分阶段、策略性地构建县域治理"能动的"共同体，形成"人人有责、人人尽责、人人享有"的基层社会的实践过程。

一、打造县域"能动的"基层治理共同体

所谓打造县域"能动的"基层治理共同体是指，在基层党组织的全面领导下，以县域的基层基础全面夯实、服务承载能力全面提升、治理体制机制逐步健全完善为基础，多元主体参与治理的治理格局逐渐达成、治理

主体权能得以激活、权责得以遵守、活力充分展现的兼具约束性与能动性的"共同体化"的过程。如果说，传统中国社会的基层单元是"熟人社会"式的"自然的共同体"，那么现代社会的基层单元则是"有机团结"式的能动的共同体，是以"人人有责、人人尽责"的方式能动地共建共治共享的"社会共同体"。

二、县域治理"能动的"基层治理共同体的"治理观"

在建设县域基层治理"能动的"基层治理共同体时，治理者应当形成如下三个治理观：

一是坚持整体观。即县域治理始终秉持全域一体的意识，在承接、转化国家治理的各项制度与指令时，形成一套符合县域具体县情的标准化、规范化、操作化的制度安排；在面向基层治理的所有基层单元，以标准化、统一化、精细化为准则，全面夯实基层基础以提升基层社会的服务承载能力，并建立起行之有效的治理体制机制，令县域建立起基层治理体系的"四梁八柱"，为治理主体表达能动性、承担权责夯实根基。

二是保持动态观。即县域治理始终保持对治理主体的动态应对，充分认识到多元治理主体的主体性，尊重其随着经济社会发展与治理情境变迁而不断变化的治理诉求，不断地动态研判、并转变治理连结机制，不断适应多元治理主体的资源供给、参与动力、身份权责、增能赋能的变化，保持制度设置的伸缩性，始终将多元主体团结到县域基层治理的体系中来，共担治理权责。

三是秉持能动观。即充分认识到基层治理共同体的能动性，具体有如下三个方面。其一是要充分认识到基层治理共同体构建时的阶段性，基层治理共同体的构建，需要先全面扎稳根基，谋定而后动。没有县域治理体系与柔性机制的保障，多元主体的参与便成无根之木、无源之水。其二是要充分认识到基层治理主体的能动性与创造性，多元主体的被动参与并非真正意义上的共同体化。在"能动的"共同体中，县域层面要构建起有效的治理机制，尊重多元主体本身的行为立场与行动逻辑，使得多元治理主体间形成较强的参与意愿并能动地表达创新创造诉求。其三是要充分尊重基层治理中不同领域的创新突破，县域在设置各项治理指令时，应当始终保持鲜活的创新、创造意识自觉、行动自觉、决策自觉，充分激发"区县—街镇—社区—小区"四级治理单元以及"政府—市场—社会"三方主体的创造性活力，积极营造创造性氛围，鼓励点状的创造性能动。

三、县域"能动的"基层治理共同体建设的三个层面

（一）润入基层的"共同体化"

基层社会的共同体是每一个位域内群众共享参与机会、共担参与责任的共同体。对于普通群众而言，融入基层治理共同体是一个循序渐进的过程，既是通过基层社会治理，让群众间的社会关系从"社会化"转变为"共同体化"的过程，也是一个通过遵守规则、表达主张构筑出亲和友善、相互认同的生活状态和组织关系的过程。这既是将县域治理体系所形成的各项秩序规则与治理指令，通过恰当的方式"进入基层—融入基层—嵌入基层—引领基层"的过程，也是基层群众在社会关系的互动当中"接受秩序—认同秩序—遵守秩序—承担责任—表达创造"的过程。总之，这是一个双向度、多维度的"共同体化"的过程。

（二）多元主体的"共同体化"

基层社会的共同体是多元主体之间权责对等、互嵌共担的共同体。在基层社会治理体系中，通常有着"政府—市场—社会"三大主体，各主体在参与社会治理上有着差异化的需求、价值、资源与能力，也承担着差异化的责任，多元主体是基层治理的治理者，会比一般群众表达更加复杂的能动性。县域需要统筹建立一整套动员性、保障性机制，如需求-响应机制、责任承担机制、价值一体机制、赋能增能机制、机会供给机制等，以促进多元主体责、权、利归位，形成难以分割的"一体"，进而在其参与基层治理的过程中，实现交往密切、彼此熟稔、共享规则、共担责任、感情友好的"共同体化"。

（三）部门协作的"共同体化"

基层社会的共同体是条块与层级部门间通力合作、资源统筹、集成推进、共担共享的行动共同体。具体应当包括两个方面的"共同体化"。一是不断突破制度性约束，通过对制度或机制进行创新重构，破解治理权限、治理资源、治理指令在行政部门之间的条块分割现状，实现行政部门间共担治理权责、共创良性治理格局的"共同体化"过程。二是清晰厘定"区县—街镇—社区—小区"四级治理单元的治理权责，不断激发其创造性活力，并实现不同层级治理单元各司其职又不断涌现创造力的"共同体化"过程。

第二节　基于本土社会情境的"创造性"突破

县域如何在基于本土社会情境的基层治理中，实现"创造性"突破？简单地说就是围绕"接点"治理，创造性地"架桥"，也即旨在架起党委政府治理社会与人民群众获得感之间的政社互动之"桥"，架起国家治理制度体系、政策指令与基层城乡社区之间的连接这"桥"。具体而言，当县域将国家治理"顶层设计"的制度体系运用到县域多样复杂的治理场景中时，由县域决策者立足"以人民为中心"的根本立场，作出"转换性创造"，使得制度体系中的各项制度安排，有序、有效、有为地"本地化"转换和延承。经由这一过程，国家有关基层治理的指示精神、制度安排与行政指令在县域得以坚决且深入贯彻并有序承接，且以最适合本地基层治理现状的方式进行统筹谋划、链接转化，并传递给县域内的每一个城乡社区。可以说，党委政府对基层群众的再组织、再动员能否有效实现，基层社会的活力能否充分、有序释放，且上述两个方面能否兼而实现，县域的"创造性"突破是关键核心。

一、县域"创造性"突破的四个目标

县域治理机制，首要因素并非"执行性"而是"创造性"。从方法论层面来看，其至少包含了四个"创造性"目标，即承续、链接、激活与整合。一是"创造性"承续。这是指对国家、省、市治理制度体系在区县层面的"创造性"承续，需要县域做到有效的"转换与续接"。这绝非简单的"接受指令—传达指令—执行指令"的过程，而是对县域治理统筹能力与创造能力的考验。二是"创造性"链接。这是指"县域"在直面无限复杂的基层社会时要促成党委政府与人民群众的"创造性"链接，需要县域持有"足够韧性"的能力，以使得国家与社会的链接既坚固、又能动，二者的"互见"与"互动"恰如其分。三是"创造性"激活。这是指应当正视县域是满足人民群众对美好生活的向往，并充分激发社会活力的实际操盘手这一事实，正视县域发挥着多措并举，谋定社会活力的"创造性"激活的重要作用。这需要县域始终秉持群众路线，不断增强去伪存真的能力，能够发现群众的真诉求、真需要，能够充分激励百姓能动地参与到城

乡社区发展治理之中，并在基层社会中形成"一核三治，共建共治共享"的内生性势能。四是"创造性"整合。这是指上述三大"创造"必须达致有机联动，有任何一点顾此失彼或厚此薄彼，都将令多元主体参与城乡社区发展治理的格局陷入被动。因此县域还需要做到三大领域的"创造性"整合，做到三个部分的"有机平衡"。这也构成了县域治理的重要内涵。

二、县域"创造性"突破的三个能力

县域的"创造性"突破，要求县域治理的操盘手，基于本地场景的适用性，在宏观、中观、微观三个层面培育起三大治理创新能力，即"整体谋局""创造自觉"与"润入基层"三项能力。

（一）宏观维度：整体谋局

县域治理的"创造性"，在宏观层面体现在整体观、时空观与集成观这三大"治理谋局观"上。整体观，即要求县域治理始终秉持"全域一体"的意识，在承接市域治理制度体系之下，形成一套符合县域县情的标准化、规范化、操作化的治理体系与制度安排，以建立起县域治理体系的"四梁八柱"。时空观，即要求县域治理在域内空间布局上，将不同局域进行精准分类。比如本书后面章节讲述的 J 区实践，是将不同类型社区在社区发展治理的"时空轴"中作出坐标定位，也即将不同局域嵌入进不同社区发展治理"生命周期"的各个阶段，以精准聚焦不同治理"生命周期"类型下社区发展治理所面临的不同困局，并寻求差异化、类型化的破解模式。集成观，即要求县域治理在操作层面，切实发挥"块状"统筹、整合治理的创新思路作用，弥补点状发力、点状示范、见指打指、示范点位孤岛化、"烟花"化之不足；始终秉持"县域统筹"的系统观，强调以集成思路谋取县域各治理主体间的整体联动机制，统筹发力、协同推进，将"集成"作为县域治理的基本遵循。

（二）中观维度：创造自觉

县域在中观层面执行各项治理指令时，应当始终保持鲜活的创新、创造意识自觉、行动自觉、决策自觉，充分激发"区县—街镇—社区—小区"四级治理单元的创造性活力，积极营造创造性氛围，围绕破解县域面临的城乡社区发展治理的时代困局与重点难点，形成县域"集成推动"与实践域"创新突破"双轨并行、相得益彰、良性互动的县域治理协同并进之格局。

具体而言，应当在县域与"实践域"，形成两个层级的"创造性自觉"。一是在县域的顶层设计中，在系统谋划、夯实基底、连片推进、要素组合、集成显现等环节上，充分体现县域在"集成推动"中的创造性，使得基层治理工作在县域更加"有机融合"而非"条块割裂"。二是在"实践域"（街镇、社区、小区）的具体实践中，在党建引领、双线融合、三治联动等领域，始终保持基层的创造性活力，以探寻不同层级的基层治理单元在运用不同治理模式中的"创新突破"。

（三）微观维度：润入基层

县域治理应当始终围绕活力与秩序两大主题展开创造性工作，具体到微观层面，体现在通过系列创造性手段，将党委政府、人民群众、各类组织等多元主体诉求，有机地润入到城乡社区发展治理中，并发挥作用。而"润入基层"当走过四个步骤，即"进入基层—融入基层—嵌入基层—引领基层"，还需要做到四大"润入"。

一是组织润入。四川的实践深刻表明，党建引领是基层治理成功与否的基础性与决定性因素。将党组织深植进县域内的各个层级与各个单元，切实发挥基层各级各类党组织的引领作用，是县域治理必须具备的重要能力。因此，以集成推动的方式创造性地夯实基层组织，将党组织建入、融入、嵌入更广阔、更深入的基层社会，有序地引领基层群众组织化，不断筑牢组织根基，是润入基层的首要方面。

二是制度润入。四川省成都市的基层治理实践，探索了城市治理体制机制体系的重构，如成立城乡社区发展治理委员会来统合40多个部门的治理资源等。而成都市各区县的实践表明，县域治理需要在"三力"上不断增能，使得重构后的体制机制体系切实浸润入基层社会，发挥基层治理体系的"骨架"作用。即以执行力增能，确保重构后的基层治理体制机制在基层社会得以坚定有力执行；以转化力增能，确保各项制度安排在"县域统筹"下形成符合县域实际的制度体系，以实现本地化的有效转化；以润滑力增能，确保刚性制度体系落地基层社会实践时，经由向街镇、社区的赋权提能，使得产生的各项"政社摩擦"得以有效润滑。

三是服务润入。"服务润入"是落实"以人民为中心"发展理念的核心要义之一。"城市的核心是人"，县域治理的服务润入，需兼顾人的发展、人的需求和人的感受，即县域治理的服务体系，要有利于人民群众的感受愉悦、需求全面满足以及发展动能获得。欲达此，"服务润入"需要在基础型公共服务供给体系夯实、增量型精准服务购买体系健全、发展型公共服务保障体系完善后，形成"发展与治理"互融共促的服务体系全面优化新格局。

四是活力润入。群众的"自治、法治、德治"的活力是基层治理的巨大财富，也是广大基层社会充满治理活力、蕴含发展势能的核心要义。活力润入以秩序化地引领与激发广大群众内生性参与治理活力为目标，通过社区营造，对基层社会的生产、生活、生态、文化、组织、场景、秩序等多重要素进行集成化营造，并通过对上述多重要素的策略性组合以润入活力，形成"秩序与活力"在活力润入维度上相互成就的社区营造格局。

三、县域"创造性"突破的五个"布局"

在党建引领下，县域在基层治理中实现"创造性"突破，当做好五个"布局"。

（一）"党组织"提能

指经由县域的统筹布局，局域内各级各类基层党组织在建设体系、目标体系、人才体系、约束体系、激励体系、保障体系等运行环节上普遍增能，在党建引领下的县域治理体系，不仅组织体系健全，且在破解系统性的治理问题时，有能力、有魄力、有动力、有活力、有合力，切实使得县域的党建引领力上下贯通、落地落实。

（二）"全时空"统筹

根据城市演进阶段，县域的城乡社区在发展治理上具有"生命周期"的特征，即同一时期生长起来的社区，面临的治理问题相同，而在不同阶段生长起来的社区，面临的治理问题相异。这提示了可将因起源发展阶段不同，而在不同的时间与空间维度下的城乡社区聚类成多种类型的社区形态，从而进行分类治理。依社区发展治理"生命周期"（社区发展不同阶段）对社区进行分类，厘清不同发展阶段的社区所面临的困局，将更有利于县域实现空间治理与全域统筹。

（三）"集成化"推进

坚持"系统谋划、连片推进、集成显效"的思路。四川的治理经验表明，县域治理可围绕五个具体目标做到"集成化"推进，以助力县域的全域统筹与创造性转化。

一是集成化夯实基底。即通过县域统筹，在党建引领、多元主体、人力资源等方面，通过一系列有步骤、有计划的"工程"打造，实现在全域标准化的发展治理基底性要素得到夯实。

二是集成化推进指令。通过"软硬结合"的多重举措，切实转变县域治理行政指令多头下达的条状格局，打造"县域-街镇域"两级块状治理指令传导平台。

三是集成化整合资源。强化并示范探寻基层治理资源的集成整合，即整合行政条块资源、社会治理资源以向同一主体集中、同一片区集中、同一类别集中。

四是集成化形成约束。探索将"集成化"作为对街镇-社区两级目标考核的重要方面，助力"集成化"行动达成。

五是培育集成化意识。在"区县—街镇—社区—小区—群众"中广泛凝聚共识，形成多层多级、多元多样治理主体的"集成化"治理自觉意识。

（四）"分类别"突破

县域在围绕打造共建共治共享社区时，可在创新突破上，充分释放"分类别"探索的红利与活力。具体体现在五大"分类"维度上的创新突破：一是依差异化的阶段性治理困局为分类维度，二是依差异化的发展治理破题点为分类维度，三是依差异化的发展治理机制为分类维度的，四是依差异化的行动逻辑回应国家、省、市治理核心关切为分类维度，五是依差异化的集成要素与集成模式助力精细化治理为分类维度。

（五）"立体式"营造

县域可从两个方面发力，促成整个县域"立体式"的社区营造。一是纵向发力，通过厘清"（区）县—（街）镇—社区—小区"在基层治理中的不同权责，营造四个层级上下互动、紧密连接、协力共治的良性格局。二是横向发力，通过形成部门联动、主体联动、机制联动，广泛链接与不断扩展县域基层的治理资源、市场资源、发展资源。

第二章 县域治理的关键问题：县域统合与多元主体

与街镇、社区更为直接地面对基层治理的具体事项不同，县域在基层治理的具体实践层面似乎更加"抽象"，其治理功能更多为"县域统合"，作为一级完整政府，县域发挥着将治理资源统合与分配的重要功能。不论国家、市场还是社会，社会治理的各类资源分布在不同的组织与部门当中。与此同时，基层治理也就自然需要面对更加多元的治理主体。

第一节 县域统合的五个关键

县域基层的统合治理，应当是一个分步骤的稳健演进的过程，通过设定阶段性目标，以进阶式推进的方式，稳步完成五项要素建设，以促进县域基层治理共同体的持续稳固与有机能动。

一、"全要素"筑牢底盘

筑牢底盘，即夯实基层治理的底部基础，是构建县域基层治理共同体的"硬性"基础要素。将基层群众组织起来，是基层治理共同体的重要使命。习近平总书记曾反复强调城乡社区的基层基础功能，"社区是基层基础，只有基础坚固，国家大厦才能稳固。①""社区工作是一门学问，要积极探索创新，通过多种形式延伸管理链条，提高服务水平，让千家万户切身感受到党和政府的温暖"②。

---

① 习近平总书记 2018 年 4 月 26 日在武汉考察时的讲话。
② 2015 年 2 月习近平总书记在陕西慰问广大干部群众时的讲话。

站在县域治理的角度，夯实基层治理的底部基础至少包括三个目标：一是将"延伸"管理"链条"的全要素向城乡社区铺设，补齐要素短板。具体而言，在重心上，其核心在于全面强化"一条红线"，全面筑牢基层党建根基；在策略上，需经历"识别全要素—建设全要素—完善体系化"三个阶段，以确保对社区的管理要素全覆盖。二是通过向社区一体化、标准化的公共服务供给（偏硬件），全面提升城乡社区公共服务能力，且能有效应对流动社会下不断增长的城乡社区公共服务新诉求。三是通过全域化、普适化的软性机制设置（偏软件），以全域改革创新的魄力，探索适应县域全域操作化的城乡社区治理工具与治理机制，不断提升县域城乡社区治理能力。在这一阶段，稳固县域底部社会的基层基础的意义大过特定社区点状的创新突破，对县域全域一体的治理机制探索的意义大过对特定社区的点状的机制创新意义。

二、"全周期"设置制度

制度有效是构建县域基层治理共同体的"软性"基础要素。在快速城镇化与人口流动的社会形态下，维系基层社会的稳固状态，需要在全要素筑牢底盘的同时，构建起基层社会制度体系作为基层治理的"四梁八柱"。在县域基层治理共同体建设中，不断形成坚强的制度保障，可视为基层治理共同体建设的首要阶段的又一重要目标。所谓"全周期"设置制度，就是要统筹制度设置的指令、执行、评估、效能、保障等全环节，以保障基层治理共同体能顺利建设。

其具体意涵有四个方面：一是制度功能的全周期覆盖。一项县域统筹的制度安排应当兼顾保障其对实施主体与实施客体的功能有效发挥，并在制度推行过程中，逐步发挥对主客体的规制性、规范性与文化-认知性三个方面的功能。二是实施客体的全周期覆盖。县域的制度设置，最终需要覆盖全域的基层单元，并实现制度在全域的基层单元中都具有可操作性，即便在典型示范阶段方面，需要通过选择部分基层单元对制度的实施路径做出探索，也应覆盖域内基层单元的全类型。三是制度体系的全周期覆盖。围绕县域基层治理共同体建设形成的一整套制度体系中，每一项制度安排，不论大小，都应兼顾既围绕总体目标又明确阶段目标。四是制度进阶的全周期覆盖。随着县域基层治理共同体建设阶段的不断推进，制度在"约束"与"创造"之间表达出张力，因而需要在不同的进阶阶段，围绕建设目标而不断调整制度安排。

三、"分策略"主体赋能

县域基层治理共同体是由多元主体共同组成的鲜活的共同体，如果缺乏主体的能动行动，缺乏广大群众的能动参与，即便制度健全、基层阵地的服务供给完善，其便不能成为"能动的"共同体。多元主体表达能动、共担权责，以县域社会的基层基础较为夯实、制度体系基本健全为前提。这是一项通过基层治理的开展，有策略地向多元主体持续"赋能"的过程。主体赋能需要"分策略"进行，具体包括两重意涵。一是根据县域基层治理共同体的不同建设阶段，分步骤地推进主体赋能。县域基层治理共同体的建设，大体可分为三个阶段，三个阶段有不同的主体赋能使命，贯穿其始终的是以百姓民生为本、以服务供给为本、以满足人民群众美好生活需要为本的路线。二是依据基层治理的"三层共同体化"，以不同策略分别赋能。具体而言，针对"部门协作的共同体化"，以组织建设与科层体系的治理逻辑进行主体赋能；针对"多元主体的共同体化"，以"识别主体诉求—激活主体动能—挖掘主体能力—保障主体权益—厘定责权边界—形成制度约束"为策略，向多元主体赋能；针对"润入基层的共同体化"，通过多种方法将各项秩序规则与治理指令润入普通群众的日常社会关系，而普通群众则在日常社会关系中，表达主张、承担责任、共享利益。

四、"分阶段"稳步推进

稳健进阶，是县域基层治理共同体的"执行"要素。基层治理关乎国之根基、民心所向，要主张稳扎稳打，分阶段稳步推进县域基层治理共同体建设，要使得基层治理共同体在建设过程中保持"能动性"。在基层社会并不常常稳健的社会形态下，以组织群众为目标，本书所列举 W 区的案例表明，基层治理共同体建设可走过三个具体阶段：阶段一，定盘布局、统筹筑基。以筑牢基层治理的底盘阵地、全面摸清并铺设基层治理的各项要素、建立四梁八柱的制度体系为这一阶段的核心目标。阶段二，激活资源、主体归位。以激活各类治理资源有效助力基层治理、形成生长自基层自治单元的多元治理权，以及探明多元主体责权与能力边界为这一阶段的核心目标。阶段三，有机体化、主体共担。以在组织、制度、机制、观念、主体等诸多方面，形成相互嵌入不可分割的有机体化，特别在多元主体间形成了"共担"自觉，内化地承担着基层治理的各自责任，共享基层治理的各项价值为核心目标。总之，基层治理经由三个阶段的目标设定、层层推进，稳健地构建起"能动的共同体"。

五、"立价值"主张创造

价值一体，是县域基层治理共同体的认同要素。"共同体"当建立起一致的价值认同与行动自觉，方能促进"共同体"中的多元主体，既保持和维护多元利益，又普遍遵循"一体化"的价值，这是县域基层治理共同体的题中之义。基层治理共同体中的主体价值，包括了行动主体对责权利边界认知清晰、内化于心，在行动认同、主体认同、组织认同、制度认同、文化认同、观念认同六个层面形成意识自觉，在行动规范、主体规范、组织规范、制度规范、文化规范、观念规范等方面内化认知并形成创新创造行动，进而不断强化"人人有责、人人尽责、人人享有"的多元主体参与的价值认同。

第二节　县域治理中的多元主体

不同的划分方法可以将基层治理主体划分出不同的类型，比如从条块部门的角度划分、从行政层级的角度划分、从国家与社会的理论框架角度进行划分等等。在县域之中，如何才能不断提升基层治理的治理绩效呢？选择恰当的实践维度进行主体划分，以确保能对县域治理中的多元主体进行分析，并对其治理诉求作出判断十分关键。本书中，笔者主要选择在"国家与社会"的理论脉络下进行思考，对县域治理中的三类主体进行分析，分别为党委政府（国家的角度）、普通群众（社会的角度）、基层乡镇与村社的干部（连结政社的角度）。

一、党委政府（国家的角度）

从国家的角度来看，县域基层治理至少应当包含有如下三个目标：一是密连"政社"，即将广大人民群众组织进国家，形成国家与社会之间更为密切的鱼水关系。为此，需要建立两个渠道，一个是制度化的渠道，即畅通群众的利益表达通道；另一个是组织化渠道，即将群众有效地整合进国家。二是组织群众，即找到有效的组织方法，将人民群众持续地组织起来，形成基层群众具备自治能力、充满活力的状态。为此，需要形成两类机制，一个是整合机制，包括权力的运用机制和利益的吸引机制；另一个是应责机制，即形成对人民群众权益保护的制度化安排。三是保障社会公正，需要从缩小贫富差距和提高社会公平感两个方面发力。

为了达到上述目标，城市县域、乡村县域分别做出了探索。在城市县域层面，至少通过三条路径做出了相应探索。一是组织下沉，即对基层社会的再组织、再整合，通过党组织建设，助力基层社会的动员执行有力，并凝聚社会团结；二是服务下沉。从基础层面，不断提升和优化基础性公共服务供给水平；从增量层面，通过培育社会组织发展和购买社会组织服务的方式，提供精细化、多元化、系统化的公共服务；三是网络下沉。通过建立网格系统，形成基层扁平化治理的格局。在乡村县域层面，也至少通过三条路径做出探索。一是强化组织建设。经由精准扶贫等举国之力的综合治理，乡村基层从"悬浮型"政权走向"下沉型"与"嵌入型"政权，密切联系了国家与社会；二是通过动员治理。比如精准扶贫，使得乡村社会的公共服务不断优化并突破一系列重大的结构性问题；三是通过政策调控市场，比如同乡招商、农产品以购代捐、扶贫车间等政策性扶持项目，将农民整合进更大的社会与市场结构中。

二、普通群众（社会的角度）

从社会的角度来看，县域治理应当以满足人民日益增长的美好生活需要为目标，为人民群众提供基础的组织保障、提供群众参与基层治理的有效通道，进而维护社会公平。为此，需要在组织群众与促进社会公平的角度同时发力。在组织群众方面，首先需要通过提供组织归属与组织庇护的方式，将个体有效地整合进基层组织，提高人民群众组织归属感；其次需要实现基层自组织在党组织引领之下的有序、有效运转；最后还需要提供给人民群众三个层面的参与权，分别是激发参与意愿、引导参与行动、提高参与能力。在社会公平方面，首先在责权上，当建立起制度化渠道，通过组织化的方式，提供利益表达渠道；其次在情感上，通过提高人民群众公共归属感，以做到有效的组织"应责"；最后在利益连结上，建立起有利于生计获得的组织团结制度。

三、基层乡镇与村社的干部（连续政社的角度）

基层（乡镇与村社干部）是连结国家与社会的关键主体之一。基层治理如果能向其作出适当赋权，将有利于政社关系的密切连结。具体而言，该群体需要被赋予并形成两个方面的能力：一是在纵向上，拥有向"条块"部门治理资源的整合能力与向基层社会的动员能力；二是在横向上，在自己所代表的行政单元内（如一个乡镇或者村社内部），构建起维系组织秩序与保障居民生活秩序的能力，以及在行政单元以外拓展生计路径，将外部生计空间带进村社生活空间的能力。

第三节　四川的县域社会及其多样性

区域社会的非均衡发展，是当代四川的基本省情。四川省作为我国西部地区的内陆大省，社会形态多元多样、治理情境复杂多变，区域内民族、地貌、资源禀赋差异较大，既有超大城市也有工业城镇，既有发达乡村也有民族村落，发展的不平衡与不充分矛盾突出。与中东部相比，其基层治理具有十分明显的区域特色，也遵循着较为不同的理论与实践逻辑。近年来，以成都为代表的四川各地，在社会治理领域精耕细作，积累了大量的实践经验。面对多元多样、发展进程不一的社会形态，在区域高质量发展与均衡发展的背景下，探索符合四川省情的社会治理格局，夯实全省经济社会全面发展的根基，系统研究四川社会治理的历史文脉与当代实践，这不论是对于回答国家治理体系现代化的四川路径的问题，还是对于学理层面讲述四川故事以丰富我国社会治理的理论累积，意义均十分重大。

然而，在一定程度上，四川存在着基层治理的学理研究滞后于实践探索的现状，亟待转变。作为正在探索中的实践领域，四川有关社会治理的学理研究，在与政策语境下的实践对话中相形见绌，大量的鲜活实践亟待被系统地学术化梳理与记录，这连锁"反应"导致了研究部门的咨政主体作用普遍发挥不足。实际上，一方面，从历史维度来看，四川省社会发展历史文脉深厚，诸多先辈在社会发展与社会治理领域有过扎根时代的深刻探索；另一方面，从当代实践来看，以成都市为代表的四川诸多地市，已纷纷在不同程度上探索了不同模式类型的城乡社会治理建设路径，改革与创新实践经验不断涌现，具有十分鲜明的时代特征。由此，有必要对四川基层治理的理论与实践进行系统梳理和进一步广泛探索。

截至 2022 年，四川省共有区县 183 个（见表 2-1）。其中，市辖区 55 个，县级市 19 个，县 105 个，民族自治县 4 个，各类乡、镇、街道办事处 3 101 个。

表 2-1　四川区县数量情况统计　　　　　（单位：个）

县（市、区）						乡、镇、街道办事处			
总计	市辖区	县级市	县	自治县	总计	乡		镇	街道
						总计	民族乡		
183	55	19	105	4	3 101	626	83	2 016	459

数据来源：《四川统计年鉴 2022》

一、从四川的城镇化程度看四川的县域发展水平

四川的县域发展水平，与城镇化水平高度相关。近年来，四川省城镇化水平快速提高，城市型社会形态愈发明显。不论是在学术界还是政策界，研究者们都认同 2000 年以后四川县域开始加快城镇化。但受限于数据的可获得性，笔者将 2002 年作为本研究数据的分析起点，观察 20 年来的四川发展。可见，四川的城镇化与全国的城镇化呈同频共振的态势，从 2002 年起，进入城镇化的快速发展阶段。具体而言，全国城镇化率从 2002 年的 39.09% 提高到 2022 年的 65.22%。相应地，四川省的城镇化率从 2020 年的 28.20% 提高到 2022 年的 58.35%，均呈快速变迁趋势。不过，四川省的城镇化率同全国平均水平始终存在差距，虽然近年来的差距在逐年缩小，如从 2002 年的 10.89 个百分点缩小至 2019 年的 6.81 个百分点（见表 2-2），但低于全国平均水平差距的事实仍不能被忽视。

表 2-2　2002 年—2022 年四川省与全国城镇化率比较

年份	四川省（%）	全国（%）	四川省与全国差距（个百分点）
2002	28.20	39.09	10.89
2003	30.10	40.53	10.43

表2-2（续）

年份	四川省（%）	全国（%）	四川省与全国差距（个百分点）
2004	31.10	41.76	10.66
2005	33.00	42.99	9.99
2006	34.30	44.34	10.04
2007	35.60	45.89	10.29
2008	37.40	46.99	9.59
2009	38.70	48.34	9.64
2010	40.18	49.95	9.77
2011	41.83	51.27	9.44
2012	43.53	52.57	9.04
2013	44.90	53.73	8.83
2014	46.30	54.77	8.47
2015	47.69	56.10	8.41
2016	49.21	57.35	8.14
2017	50.79	58.52	7.73
2018	52.29	59.58	7.29
2019	53.79	60.60	6.81
2020	56.73	63.89	7.10
2021	57.82	64.72	6.90
2022	58.35	65.22	6.87

资料来源：《四川统计年鉴2022》《中国统计年鉴2022》《2022年四川省国民经济和社会发展统计公报》《中华人民共和国2022年国民经济和社会发展统计公报》

同全国其他30个省市（自治区）相比，四川的城镇化率排位第二十四（见表2-3），而且这一排位已保持多年。人口向城镇集中，推动城镇规模扩大，这种人口流动并不是自发的，其背后包含，经济体系、社会结构和空间功能的系统变迁过程。

表 2-3 2021 年年末全国 31 省份（市、自治区）城镇人口规模、城镇化率及排名

排名	省份（市、自治区）	地区	常住城镇人口（万人）	城镇化率（%）
1	上海市	东部	2 223	89.30
2	北京市	东部	1 916	87.50
3	天津市	东部	1 165	84.88
4	广东省	东部	9 466	74.63
5	江苏省	东部	6 289	73.94
6	辽宁省	东北	3 079	72.81
7	浙江省	东部	4 752	72.66
8	重庆市	西部	2 256	70.35
9	福建省	东部	2 918	69.70
10	内蒙古自治区	西部	1 637	68.21
11	宁夏回族自治区	西部	479	66.04
12	黑龙江省	东北	2 053	65.69
13	湖北省	中部	3 736	64.09
14	山东省	东部	6 503	63.94
15	陕西省	西部	2 516	63.63
16	山西省	中部	2 207	63.42
17	吉林省	东北	1 505	63.36
18	江西省	中部	2 776	61.46
19	河北省	东部	4 554	61.14
20	青海省	西部	362	61.02
21	海南省	东部	622	60.97
22	湖南省	中部	3 954	59.71
23	安徽省	中部	3 631	59.39

表2-3(续)

排名	省份 (市、自治区)	地区	常住城镇人口 (万人)	城镇化率 (%)
24	四川省	西部	4 841	57.82
25	新疆维吾尔自治区	西部	1 482	57.26
26	河南省	中部	5 579	56.45
27	广西壮族自治区	西部	2 774	55.08
28	贵州省	西部	2 093	54.34
29	甘肃省	西部	1 328	53.33
30	云南省	西部	2 391	51.05
31	西藏自治区	西部	134	36.61
—	全国	—	91 425	64.72

资料来源:《中国统计年鉴（2022）》

总体来看,四川省城镇化率增幅趋向也十分明显,整体城镇化水平低于全国平均水平,还有较大的增幅空间。目前,四川正处在城镇化增长速率快于全国的"追赶"进程时期,城镇化更有增强趋势,这也意味着,在未来的一个时期,四川的经济与社会依然面临着较大、较快的变迁与发展。

二、四川城镇化水平的市州分布

四川省内各市（州）发展进度不一,加之地理、地貌、民族、资源等的影响因素,呈现出多元多样的县域发展情境,同时,发展不平衡与不充分,仍是当前四川的基本省情。从四川省 21 市（州）城镇化水平来看,各市（州）差异较大,既有高水平的城镇化模式,也有较低水平的城镇化模式。在 21 市（州）中,成都市以 79.48% 的城镇化率排名第一,在全国看来,亦属于高城镇化水平;而甘孜藏族自治州城镇化率仅为 31.52%,随着人口流出,近年来还有降低的趋势。此外,在 21 市（州）中,有 14 个城市的城镇化率超过 50%,意味着四川省有 2/3 的城市从乡村型社会形态转变为城市型社会形态（见表 2-4）。

表 2-4 2021 年四川省 21 市（州）城镇化率及排名　　单位:%

排名	市（州）	城镇化率	排名	市（州）	城镇化率
1	成都市	79.48	12	眉山市	51.11
2	攀枝花市	69.92	13	内江市	51.08
3	遂宁市	58.21	14	达州市	50.83
4	德阳市	57.07	15	广元市	48.06
5	自贡市	56.20	16	巴中市	46.92
6	乐山市	54.07	17	广安市	44.86
7	绵阳市	53.63	18	资阳市	42.12
8	雅安市	53.55	19	阿坝州	42.09
9	宜宾市	52.94	20	凉山州	38.66
10	泸州市	51.36	21	甘孜州	31.52
11	南充市	51.22			
全省			57.82		

资料来源:《四川统计年鉴（2022）》

　　总而言之，四川县域呈现出较大的多元多样性，城乡间、区域间、民族间差异均相对较大，因此立足县域做基层治理初步探索与学术记录，具有较大的理论与现实意义。

第三章 县域统筹的"总体式"治理：以 W 区为例[①]

在本章中，笔者以成都市 W 区近年来从县域层面总体统筹的"总体式"治理为案例，尝试介绍县域统筹在经验与实践层面可操作、可实现的内在机理，并在此基础上，对县域总体性治理的底层逻辑进行学理分析。

第一节　W 区在县域治理中的典型性

W 区地处成都平原腹心，位于成都市中心城区西北部，既孕育了源远流长的古蜀文明，又创造了发达富庶的近代农业文明。W 区全域面积为 277 平方千米，辖 9 个镇、街道，被确定为成都市中心城区的重要组成部分。至少在如下的四个方面，W 区直面了我国大部分的县域所面临着的基层治理难题，具有典型意义。

一、城市进阶程度不一，覆盖不同时代发展形态

从区域城市形态的多元性与复杂性来看，W 区可作为探寻城镇化进阶形态全覆盖的县域基层治理典型样本。在成都市的规划中，W 区属中心城区，但作为成都市的传统二圈层地区，W 区所辖区域，覆盖了新中国成立以来几乎各个时代的城镇化发展形态，具有城镇化进阶的全生命周期特征。其既有作为超大城市新型中心的现代化城市形态与产业社区形态，又有处于快速成长中的老工业时期的城市形态，更保留有类型多样、发展差

---

① 本章节的部分内容，曾收录于社科文献出版社于 2022 年 5 月出版的由廖冲绪、刘伟主编的《四川社会发展报告（2022）：县域治理新探索》。

异大的集镇形态与川西平原乡村形态。总之，中华人民共和国成立后的不同历史阶段的城镇化特征"烙印"均在 W 区可寻，且具有片区集中性。不同发展形态的人口承载能力有别、城市演进逻辑不同、利益诉求各有所需，决定了 W 区的基层治理必须统筹规划、分层指导、分步实施、差异化应对。

二、人口持续高速增长，兼存稳态流动双重特征

从人口流动与稳态的角度来看，W 区可作为探寻兼存稳态与流动双重特性的县域基层治理典型样本。W 区因与我国现代化变迁同频共振，其基层治理需同时应对稳态社会与流动社会的治理问题。根据第七次全国人口普查数据，截至 2020 年 11 月，W 区常住人口为 96.79 万人，与 2010 年第六次全国人口普查数据（常住人口 45.71 万人）相比，人口增长111.75%，年平均增长率达 7.79%，城乡社会处在较快的流动变迁过程之中。与此同时，城市吸纳能力持续增强，流动人口的人口学特征日益复杂、流动性日益增强，与社会流动相关的治理工作日益复杂化，防范与化解治理风险的难度不断加大，这对建立以流动为主要特征的治理模式需求较高。与此同时，W 区大部分区域城市化形态已较为成熟，沿着原本城市进阶速率正常发展，已发展为稳态社会，对以稳定为核心的治理模式的需求亦较高。总之，不论是相较于城市化相对成熟、以稳态社会为主的城市主城核心区，还是正在城市化进程中的、以流动社会为主的城市远郊形态区，W 区兼具稳态社会与流动社会的双重特征。

三、地域空间南城北林，兼备城乡融合治理要素

从城乡特征的鲜明度来看，W 区可作为探寻城乡基层融合发展的县域基层治理模式的典型样本。近年来，国内各大城市有关基层治理的实践探索主要集中于城市形态，而将乡村治理纳入基层治理体系的经验性探索相对较少。在乡村振兴战略的背景下，亟待在县域基层治理普遍关注城市形态的情形下，进一步聚焦乡村治理，探索基层城乡融合发展治理的实现路径。W 区因所处的地理位置相对特殊，在地域空间结构和产业结构上呈现出典型的南城北林、"半城半乡"格局，形成了城乡要素兼备、特色鲜明的生活场景、生产场景和生态场景。根据第七次全国人口普查数据，截至2020 年 11 月，W 区城镇的常住人口为 75.50 万人（占总人口 78.01%），

乡村的常住人口为 21.29 万人（占总人口 21.99%）。与第六次全国人口普查数据相比，其城乡人口均呈较稳定趋势增长，城乡间现代化发展水平同频同步，城乡间发展与治理要素齐备。这使得将城乡社区空间布局、融合发展、精细治理纳入新型城镇化战略视角下进行统筹规划、一体考量，从而实现城乡社会形态良性耦合互动的诉求更加迫切。

四、赓续巴蜀古今文脉，兼具稳健创造双重气质

从区域的文化厚度与创造性来看，W 区可作为探寻基层治理兼具稳健与创造双重气质特征的县域基层治理的典型样本。基层治理是一项"牵一发动全身"的系统工程，在价值层面需要形成兼具稳健性与创造性的双重气质。也即，一个地区需要形成这样一种价值认同：既要确保基层社会稳定，还要充分发挥基层创造性，在机制层面不断寻求创新突破。W 区历史文化的气质底蕴稳健厚重，是 4 000 多年前古蜀鱼凫王国的发祥地，是巴蜀地区的重要文脉，自西魏以来，一直是川西政治、经济、文化重镇，拥有鱼凫遗址、陈家桅杆两处国家级文保单位，W 区文庙、鱼凫王墓等省级文保单位。W 区当代创新活力优势明显，近年来城市吸纳能力不断增强、高端人才不断被引入、产业结构不断升级、资源投入不断增长。创造性的气质底蕴不断累积，W 区拥有 11 所大专院校，在校大学生超 10 万人，是成都市重要的科技研发基地。文化上兼具稳健性与创造性双重气质，为 W 区形成兼具底盘稳固与创新创造的基层治理体系提供了较好的文化氛围与价值基础。

第二节 总体谋局：三阶段建设县域基层治理共同体

基于对城镇化发展阶段、社会的高度流动性与特定区情的现实研判，W 区的县域整体统筹将基层治理布局为三个阶段。尽管三个阶段在治理目标、治理模式、治理策略与"共同体"样态上存在差异，但呈现出逐级进阶、层层相扣的内在演进关系，稳步推进着 W 区县域基层治理共同体建设。

一、首要阶段：定盘筑基

（一）阶段问题剖析

首要阶段可用"定盘筑基"概括。这一阶段需应对的核心基层治理难题有三：难题一是谋定基层治理单元。面对具有高度流动性及不确定性的基层社会样态，要谋定相对稳态的治理单元，并系统识别治理单元内完整的治理元素。难题二是谋定基层治理体系。应对基层政社关系"疏远"，当以党建为引领，全面构建纵向的治理工作体系，以打通政社梗阻，即分两个层级重构纵向治理体系以打通治理元素的建设通道：一个是通过优化科层体系的条块力量，整合同治理相关的各类行政指令与治理资源，打通指令与资源梗阻；另一个是通过对已识别的治理元素进行系统建设与补缺。难题三是谋定治理主体权责。亟待统筹厘定基层治理"区县—街镇—社区"三级工作执行组织的分工与权责。

基于此，首要阶段可被进一步定义为"定盘布局、统筹筑基"阶段，旨在将县域基层治理共同体的"元素明晰、体系畅达、底盘筑牢"作为治理目标，通过系列基层治理工作的开展达致目标：县域基层治理全元素得以识别补齐、"区县—街镇—社区"三个层级组织单元责权边界得以厘定、县域基层治理工作体系得以全面建立，定盘实现"政社一体"、纵向体系通达的治理格局。

（二）阶段行动策略

这一阶段，W区贡献了"两空间一力量"的治理模式，明确了小区空间、社区空间与基层队伍三条基层治理基础性线索，分三个领域均衡着力，识别、补齐、夯实治理元素，强化政社连接。这是选择"空间"这一固态与稳态的基层治理单元为着力点，应对具有高度流动性及不确定性的基层社会样态的创新举措。在治理策略上，W区以"空间治理"为工具，明确了三条治理线索，分领域探索基层治理元素并将其体系化，构建了包括县域五大治理体系，即组织体系、领导机制、制度体系、动员体系、保障体系在内的纵向基层治理工作体系作为保障。经由这一阶段，W区基层治理共同体的各项要素基本完善，部门协同的"共同体化"基本完成。

二、进阶阶段：全面赋能

（一）阶段问题剖析

进阶阶段可用"全面赋能"概括。这一阶段需要应对的进阶性基层治理难题有三：一是激活纵向体系。在纵向上，在政社连接体系中加入"能动"元素，即在首要阶段建立起的工作体系和夯实了的治理元素基础上，增加政社之间的有机互动。这需要向纵向工作体系的执行主体全面赋能。二是探索横向体系。在横向上，探索"政府—市场—社会"三方主体在基层治理体系中的责权分工、权能可及度、资源贡献度，这需要向三方主体全面赋能。三是主体全面赋能。探索多元主体的横向分工如何有效嵌入纵向的工作体系，这需要向体系内的全部执行主体全面赋能。

基于此，进阶阶段可被进一步定义为"激活资源、主体归位"，通过全面赋能将促进"党建引领，多元主体责权归位、权能增强"作为阶段的治理目标，通过系列基层治理工作的开展达至目标：政社连接更加能动且不断强化升级，市场与社会的治理资源不断激活且形成治理权，政府—市场—社会三方主体权责日渐明晰且责权归位，多元参与治理的体系在探索中初步建立，定盘实现纵向治理指令与群众诉求双向通达、横向多元主体有序参与基层治理的"多元一体"治理格局。

（二）阶段行动策略

对此，W 区经验提供了以"两空间一力量"的治理模式为基础，叠加"四大机制"的"体系+机制"治理模式。"机制"同基层治理工作体系相比，更具伸缩性与灵活性。二者结合形成了基层治理的横向分工体系与纵向指令体系之间有机互动的探索性模式。在治理策略上，以"机制治理"为工具，以第一阶段治理格局为基础做增量，将基层治理放置于营城高度上审视与探寻"政府—市场—社会"三方主体的利益诉求与责权边界，分别在响应群众基本诉求（强化政社互动）、创新公共服务精准对接（政府）、企业参与城市运营（市场）、社会组织引育扶持（社会）四大领域创设机制。经由这一过程，纵向治理工作体系中的多层多级治理主体与横向"政府—市场—社会"的多元主体，在党建引领下的基层治理中，参与内容、投入资源、获得收益、参与意愿、参与行动、参与动力、参与边界、责任权力等方面均得以全面探索与全面赋能。经由这一阶段，县域基层治理共同体的主体能动性在党建引领下，逐渐激活，部门协同的"共同体化"更加能动，体系更加完善，主体增能、归位，多元主体的"共同体化"日渐形成，群众诉求得到更广泛的满足，润入基层的"共同体化"初步显现。

三、完善阶段：体系建设阶段

（一）阶段问题剖析

第三阶段可用"有机体化"概括。这一阶段需要应对的进阶性县域基层治理难题有三：一是在治理体系相对完善的基础上，进一步强化党建引领居民自治，通过基层治理建设，鼓励居民的治理创新，充分激发居民群众的主动性、能动性与责任感。这一阶段，应当特别强调居民参与，持续广泛地探索党建引领，群众参与的居民总动员体系建设。二是在多元主体责权边界相对清晰的基础上，进一步强化党建引领多元主体契约式互动体系。一方面应对社会发展变迁，进一步探索和扩展"政府—市场—社会"三方的参与范围与参与内容；另一方面积极探索政社、政企、企社、政企社间的联动与互动机制，探索党建引领，"政府—市场—社会"之间相互约束、相互成就、彼此共担的契约式互动体系建设。三是在"体系+机制"的工作体系运转成熟的基础上，进一步强化党建引领基层治理体系建设，通过"一核三治"的基层治理建设，形成部门协同的"共同体化"、多元主体的"共同体化"、润入基层的"共同体化"三个层面既分域突破又有机互联的县域基层治理共同体有序建设的良性局面。

（二）阶段行动策略

基于此，第三阶段可被定义为"有机体化、主体共担"阶段，将多层多级的治理主体能动创造、自觉"共担"建设县域基层治理共同体作为阶段目标，力求形成"政府—市场—社会"有机互联、治理体系韧性建立、多元主体自觉"共担"的治理格局。在治理策略上，系统治理将成为重要的治理工具，形成"生产供给-动态运行-监测评估-价值一体"闭环建设的县域基层治理体系。经由这一阶段，"共同体"的主体能动性开始得到激活，部门协同的"共同体化"更加能动，体系更加完善，主体增能、归位，多元主体的"共同体化"日渐形成，群众诉求不断满足，润入基层的"共同体化"初步显现。

三个阶段的进阶关系，详见表3-1。

表 3-1　县域基层治理"共同体化"的三个阶段

治理阶段	治理目标	治理格局	治理模式	治理策略	"共同体"样态
定盘筑基（纵）	基层治理元素明晰、体系畅达、底盘筑牢	1. 识别补齐元素 2. 层级权责厘定 3. 工作体系建立 4. 定盘政社一体	"两空间一力量"	工具:空间治理 ——应对层级治理内容交织短板,创新以空间为维度识别和厘清治理要素。 路径:立足定盘,分域夯基 ——应对不同领域的不同任务,集中资源、形成合力,分域识别、建设、补齐治理要素。 保障:重构基层治理工作体系 ——形成县域五大治理体系:组织体系、领导机制、制度体系、动员体系、保障体系	——"共同体"各项要素基本夯实 ——部门协同的"共同体化"基本完成
全面赋能（横）	多元主体责权归位、权能增强	1. 政社连接强化 2. 治理资源激活 3. 赋能主体权责 4. 多元体系建立 5. 定盘多元一体	叠加"四大机制"	工具:机制治理 ——在治理纵向体系相对稳固基础上的"柔性"进阶策略,通过具有灵活性的机制设置,探索多元主体进入治理体系的责权利边界,并探索市场、社会资源参与治理的可及性。 路径:立足营城,分域创新 ——站位营城,识别多元主体利益,以利聚力,创新激活多元主体动能,重点探索多元主体与纵向工作体系的耦合机制,鼓励创新突破。 保障:在工作体系基础上,扩展多元参与机制体系 ——在已有的纵向治理体系中,完善党建引领、多元主体参与的机制,形成工作体系+机制体系的双体系联动格局	——"共同体"的主体能动性开始得到激活 ——部门协同的"共同体化"更加能动,体系更加完善 ——多元主体的"共同体化"日渐形成,主体增能、归位 ——群众诉求不断满足,润入基层的"共同体化"初步显现

表3-1(续)

治理阶段	治理目标	治理格局	治理模式	治理策略	"共同体"样态
体系建设	主体能动创造、自觉"共担",治理体系形成闭环,"共同体"基本建立	1. "政府—市场—社会"有机互联 2. 治理体系韧性建立,形成闭环 3. 多元主体自觉"共担"	系统治理格局建设	工具:系统治理 ——在组织、制度、机制、主体、观念五大领域形成相互嵌入不可分割的有机体化 路径:立足共同体体系建设,分域"共担" ——围绕即成的系统,完善"共同体化"化建设,形成三个层级"共同体化"体系治理的格局 保障:系统有序扩散,建立韧性能动的治理体系 ——在已有体系基础上,系统化建设,形成基层治理"生产供给-韧性运行-监测评估-价值一体"的体系闭环	——"共同体"的主体能动性不断被激发 ——部门协同的"共同体化"成为"能动的共同体"的"定海神针" ——多元主体的"共同体化"体系建立 ——群众诉求不断满足,参与基层治理的能力与行动逐渐增强,润入基层的"共同体化"初步显现

第三节 首要阶段:定盘筑基

本阶段核心是将千头万绪、多层多级的"治理关注点"引向稳态的基层空间,并精准地定位治理基础单元的治理要素。

一、行动目标:夯实基层治理底部根基

(一)创新将"空间"作为基层治理单元

县域基层治理涉及区县—街镇—社区—小区四个层级。长期以来的科层体系的工作的惯性,容易将"治理关注点"引入这些层级当中进行具体谋划。一方面,市级或区县级下达行政指令后,常常在街镇治理下谋划社区治理,在社区治理下谋划小区治理,治理工作随着指令下达、层层加

码，令基层任务叠加、繁重不堪；另一方面，有些事项同时在不同层级当中谋划，指令在不同层级的不同部门间执行，有些指令甚至相互"打架"，造成治理资源浪费和基层执行困难，层级间在基层治理中的职能职责混合交织。因此，打破层级工作惯性，谋定职能互斥，形成相对稳定与固定的基层治理单元，是将多层多级的治理注意引向稳态的基层空间，所作出的基层治理创新。

基于此，W区对基层单元进行了区分与重构，将基层单元区分为行政单元与治理单元。在不改变行政单元的集体权责基础上，创新以稳定和固定优势明显的空间为维度，重构基层治理单元。以小区空间为界，在小区以内重点围绕治理机制不健全的问题，识别和厘清治理"软件"元素，探索实施有利于政社一体的小区治理路径；在小区以外着力破解公共服务配套不完善问题，识别和厘清基层治理"硬件"元素，探索实施有利于政社一体的社区治理路径；在连接两个空间的维度上，核心破解治理力量薄弱问题，识别和厘清基层治理"人力"元素，探索实施有利于社治队伍能力提升的人力资源培育路径。

以空间重构基层治理单元，有利于厘定多层多级的治理权责。如表3-2所示，在W区的基层治理实践中，区县级重心在统筹治理，街镇级重心在硬核治理，而社区级重心在活力治理。

表3-2　县域基层治理各层级治理功能

层级	治理重心	治理能力
区县级	统筹治理	组织统筹能力 制度统筹能力 资源统筹能力 社会动员能力 服务响应能力
街镇级	硬核治理	行政执行能力 为民服务能力 议事协商能力 应急管理能力 平安建设能力
社区级 （含小区）	活力治理	组织动员能力 创新创造能力 有序自治能力 民主协商能力 德治法治能力

（二）在不同空间中识别治理元素

核心是挖掘不同空间中治理的共性元素，并在不同空间中，探索出党建引领、组织动员的具体路径。如表3-3所示，W区在重构了以空间为划分维度的基层治理单元后，随即开展系列工作，分别于小区空间、社区空间和基层力量三个方面，探索了这一划分标准下，各基层治理单元中需要关注的核心治理要素，具体如下：

小区治理方面。早在 2017 年，W 区便确定了小区治理为基层治理的核心单元，分别从三个维度对小区治理的核心元素进行了深度探索。一是分类别探索。依据空间形态不同，将 W 区域内的城乡小区分成三大类型分别进行治理元素探索。三大类型分别为楼、居、院，楼即楼宇，居即居民小区，院即老旧院落（含 W 区的主要农村小区形态川西林盘）。二是分机制探索。基于小区动员乏力、机制羸弱的现状，分别从：①党建引领，夯实基层党组织坚强力量；②组织动员，形成小区居民组织化、秩序化的集体行动力；③邻里重塑，重建符合时代发展的新型邻里关系三大领域探索治理机制的元素。三是分主体探索。在全区范围内选择了两个典型的万人小区，以特别设置行政社区为探索性治理工具，分基层党组织、小区居民、物业服务三大主体探索治理主体相关元素。最终，探索出了"党建引领、居民自治、物业服务、资源保障"四项可覆盖三个类别领域、三个机制领域、三个主体领域的共同特征元素，作为探索党建引领小区治理的组织动员的四个治理方向。

社区治理方面。W 区以探索公共服务补齐的有效行动策略为目标，亦分别从三个维度对社区公共服务补缺与社区组织动员进行了深度探索。一是分类型探索，依据成都市对分类治理的类型划分，结合 W 区城市功能形态确定了城市社区、乡村社区、产业社区三种社区类型，探索公共服务供给的异同元素。二是分领域探索，以打通政社梗阻为目标，明确了：①公共服务-即补齐社区公共服务，全面优化社区公共服务的动态承载能力；②组织提能-即提升各级党组织的社会动员能力；③社会动员-即在县域形成标准化制度安排，在行动域（街镇、社区、小区）形成可充分展现活力的社会动员的路径探索。三是分层级探索，明确了标准化制定的统筹层级-县域，差异化活力展示的行动层级-街镇域社区域的两个探索层级。最终探索出了"补公共服务、组织力提升、居民总动员"三项可覆盖三个类型、三个领域、两个层级的共同特征元素，作为探索党建引领社区治理的组织动员三个治理方向。

基层力量方面。从破解基层治理力量薄弱问题，强化政社连接的角度强化基层力量的行动策略出发，分别从两个维度对基层力量建设的路径进行了深度探索。一是明确了分三支力量展开建设，①行政力量。通过建立机关干部力量下沉一线工作机制、第一书记机制、"军转干"下沉基层等方式，推动行政力量"自上而下"下沉社区。②社区骨干力量。通过优化两委干部、整合条线专干、重构社区干部职能分工等方式，推动社区干部队伍整合优化。③社会工作者力量。通过引入、孵化、培育等系列政策，大力培育基层治理中的社会工作者力量。二是建设两条人力链条以连接政社互动，即在基层力量的建设中，重点探索：纵向上，行政力量—社区干部—居民的互动连接；横向上，行政力量—自治力量—社工力量的互动连接。最终明确了"夯实基层力量，形成政社连接"的基层力量建设目标，并以对其形成系统保障作为探索党建引领基层力量治理效能的努力方向。

W区的经验进一步表明，三条治理线索的共性治理特征，均指向了"党建引领、组织动员"这一宏观层面的治理特征。这也成为下一步W区治理路径探索的基本出发点。

表3-3　县域基层治理"两空间一力量"要素识别阶段治理策略

治理线索	元素识别	共性特征元素
小区空间	分三个类型探索：①楼 ②居 ③院 分三个机制探索：①党建引领 ②组织动员 ③邻里重塑 分三大主体探索：以万人小区设置社区为试验 ①基层党组织 ②小区居民 ③物业服务	党建引领居民自治物业服务资源保障
社区空间	分三个类型探索：①城市 ②乡村 ③产业 分三个领域探索：①公共服务 ②组织提能 ③社会动员 分两个层级探索：①统筹层级 ②行动层级	补公共服务组织力提升居民总动员
基层力量	分三支力量建设：①行政力量 ②社区骨干 ③社会工作者 分建两条人力链：① 纵向：行政力量—社区干部—居民 ② 横向：行政力量—自治力量—社工力量	夯实基层力量形成政社连接
共性特征	"党建引领，组织动员"	

（三）在不同空间中探寻治理路径

核心是分域分类探索党建引领组织动员的治理路径。在明确了三条治理线索的共性元素后，便需要尽快在分域探索形成工作体系，以促进共性元素全面铺设、基层治理基底夯实。W区的实践经验，分别对应不同治理线索，贡献了四个具体的"党建引领组织动员"示范行动（见表3-4）。

表3-4 县域基层治理"两空间一力量治理模式""行动-产出"

治理线索	"党建引领 组织动员"示范行动	行动—产出
小区空间	"党建引领,四力叠加"小区组织动员体系	党建引领力:健全纵向体系+推进横向体系 居民自治力:业委会全覆盖+五方联席会议机制+系列自治空间机制 物业服务力:区物业指导中心(二级局)+物业服务企业诚信系列政策 资源保障力:小区发展治理专项基金+小区阵地建设
社区空间	基本公共服务三年攻坚行动	三大民生品牌:学到W区、健康到W区、舒适到W区
	党建引领"社八件"社区组织动员体系	内容:标准化设置8个事项 目标:组织提能+居民动员 策略:统筹层级设制度+行动层级展活力 "三治"策略融合集成推进 激励:横向评比竞赛
基层力量	党建引领,五大治理工作体系	组织体系、领导机制、制度体系、动员体系、保障体系

小区治理方面。围绕小区空间治理的四个共性元素,W区探索形成了"党建引领,四力叠加"的小区治理组织动员体系。

一是党建引领力,分别健全了纵向组织动员体系和推进了横向区域党建体系。建立了"区级、镇街、村社、小区、楼栋"五级党组织动员体系,全面推行"党支部建在小区",动员党员担任楼栋长进入业委会,组织1.96万名党员参与"双圈双创",党建引领小区治理作用不断显现出来。二是居民自治力,推进居民小区业委会全覆盖,搭建小区"五方"联席会议平台,推动打造市民聊吧、社区会客厅等协商议事和市民服务平台等系列自治空间落地落实。三是物业服务力,创新成立了区级物业指导中心,配套出台了系列物业服务企业诚信系列政策。四是资源保障力,专设5 500万元小区发展治理专项基金,并将亲民化改造与基层阵地建设延展至小区,完善小区阵地建设。

社区治理方面。围绕社区治理的三个共性元素,W区探索形成了两项治理产出。一是强化了"基本公共服务三年攻坚行动",从"学到W区""健康到W区""舒适到W区"三个方面形成了W区的"三大民生品

牌"。二是以"组织提能"和"居民动员"为目标，探索形成党建引领
"社八件"的社区治理组织动员体系。通过要求每个社区在社区党组织的
引领下，同时推进标准化设置的 8 个事项，即：同时推进每个社区都拥有
一套发展治理思路，创作一枚 LOGO 标识，传唱一首社区之歌，议决一部
社区居民公约，新推一批社贤人物，孵化一个功能型社会组织，建成一个
楼居院示范点位，营造一处市民中心。形成了县域统筹设定制度，社区域
行动展示活力，街镇域横向竞赛百花争春，"三治"策略在全域社区融合、
集成推进的社区大动员治理的格局。

基层力量方面。围绕"夯实基层力量、形成政社连接"的目标，以基
层力量建设为重要载体，探索形成了"党建引领，五大治理工作体系"的
县域基层治理保障机制。

（四）构建治理工作体系，为不同空间的治理行动开展提供保障

核心是探索形成党建引领五大治理体系的工作格局。W 区经验表明，
夯实基层治理的底部根基，还需要构建党建引领下的治理工作体系，以对
基层治理基础的持续夯实提供有力保障。为此，W 区构建形成了县域统筹
五大治理体系，分别为：组织体系、领导机制、制度体系、动员体系、保
障体系。

一是强化组织体系。如前所述，在纵向上，W 区在城乡基层治理的开
局时期，就推行"支部建在小区、党小组建在楼栋"活动，构建社区党委
（总支）、小区党支部、楼栋党小组三级架构和党建联席会议，建立居民小
区党组织 372 个，同步探索党支部标准化、规范化 1 322 个工作模式。在
横向上，启动党员"双圈双创"示范行动，并着力在"找党员"上创新突
破，开发"寻找党员"二维码，全域开展组织找党员、党员找组织的"双
找行动"，引入积分制等手段激励党员参与基层治理。二是构建领导机制。
W 区响应成都市的创新举措，成立区委社治领导小组，选优配强区委社治
委班子，设立区、镇、社区三级社区发展治理专门机构，明确要求镇街党
委书记为第一责任人，管党副书记具体分管、组织员协助抓实，87 个社区
全覆盖建立物业与环境治理委员会。三是构建制度体系。W 区出台"社治
31 条"指导性文件，配套社区工作者薪酬管理、社区营造等 6 个重点领域
文件，以及物业服务管理、社会组织有序发展等 N 个实施计划和细则，构
建"1+6+N"制度体系。建立并落实区社治领导小组一月一督导、两月一
调度、一季一拉练重点工作推进机制，统筹整合资金、政策、人才等资

源。四是构建动员体系。形成了基层党组织动员体系、"党建引领，四力叠加"小区组织动员体系、党建引领"社八件"社区组织动员体系。五是构建保障体系。在人才保障、资金保障及科技保障三个方面重点着力，探索形成县域基层治理强有力保障体系建设。W县域基层治理工作体系见图3-1。

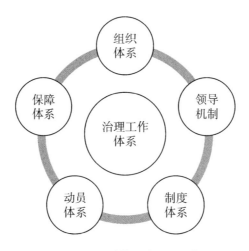

图 3-1　W 县域基层治理工作体系

二、产出成效："1+3+4"的"空间治理"工具包

县域统筹下，选择空间治理作为定盘筑基阶段的治理工具，是选择了谋定相对稳定的治理单元并系统识别治理单元内的全治理元素，以有效应对正在不断出现的新治理问题和不断变化中的社会形态的创新举措。这也是建设县域基层治理共体，在夯实根基阶段的重要治理工具。

W 区的实践经验表明，在这一阶段，县域可从四个方面进行统筹与整体推进，以护航阶段目标的有效达成。一是谋定空间治理的基层单元。W区经验表明：城市地区，适宜以小区治理为界，分为小区空间、社区空间、基层力量三条治理线索进行分域推进。二是分域识别治理元素。W 区经验表明，三条治理线索都将治理元素指向"党建引领，组织动员"。这就要求，分别在三条治理线索中，探索形成相应的治理路径。三是分类探寻治理路径。W 区的经验分别在三条治理线索中，贡献了四个具有操作性的治理工具，分别为："党建引领，四力叠加"小区治理组织动员体系、基本公共服务三年攻坚行动、"党建引领"社八件社区治理组织动员体系、

"党建引领，五大治理工作体系"。四是构建治理工作体系。W区经验表明，需要形成相应制度化的治理工作体系，将这一阶段的工作变成常规性的治理工作，从而在保障阶段目标达成后依然保持稳定、持续。

最终，如图3-2所示，本阶段的示范产出，可以"1+3+4"的"空间治理"工具包概括："1"即空间治理，"3"即小区空间、社区空间、基层力量三大治理线索，"4"即四大操作性治理工具。

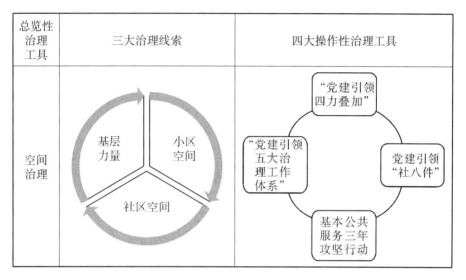

图3-2 县域基层治理"两空间一力量治理模式"治理工具示意

第四节 进阶阶段：全面赋能

一、行动目标：提升多元主体治理能力

（一）以民生诉求响应处置机制，赋能"政社"体系内各主体

民生诉求响应处置机制的核心目标，在于在切实回应民生诉求的基础上，向政社连接体系中注入"能动"元素，增强政社之间的有机互动，分别向行政工作体系内的执行主体和普通基层群众两个治理主体同时赋能。

W区的基层治理经验，确定了将民政诉求响应的"三呼三应"机制作为这一板块的治理工具（表3-5）。"三呼三应"机制，即探索建立小区呼、社区应，社区呼、街道应，街道呼、部门应，有效提升基层统筹指挥、资源调度、应急处置能力水平的民生诉求响应处置机制。围绕"三呼三应"机制，在工作体系上创设了"诉求研判-处置模式-评估考核"三个流程，并形成逻辑闭环。

具体言之，在诉求研判方面，探索了线上线下"双线并行"的民生诉求办理工作流程。线上的民生诉求，由区社会诉求服务中心牵头执行，全面整合网络理政、数字城管、市民之声、大联动微治理等各类线上平台的民生诉求，同时全面收集市民通过各类网站以及微博、微信等自媒体平台反映的民生诉求，在此基础上系统开展诉求分析研判；线下的民生诉求，则由区委社治委牵头，通过充分发动第一阶段全面夯实的基层治理各主体单元、组织单元、力量单元的能动性，加强一线收集、分级办理能力，从源头上减少网上诉求增量。在处置模式方面，通过强化压实各部门各层级责任，形成居民诉求"小事不出社区"，社区无力解决的问题及时呼叫镇街，街镇需要提请区级层面研究解决的问题，及时上报区委社治委，区委社治委对重大疑难问题及时报请区级分管领导专题研究，形成问题处置的部门分工方案，移交区社会诉求服务中心统一派单办理的"镇街吹哨、部门报到"机制。在考核评价方面，通过健全完善以诉求办结率、问题解决率、群众满意率为核心指标的考核评价机制，赋予牵头部门对协办部门的考核权限，建立镇街（社区）对部门的反向评价机制，形成了有效的多方约束。

"三呼三应"民生诉求响应处置机制在推动过程中，同时培育了三个方面的主体权能（权能即权力、能力，及解决问题的能力）主要指应对问题、解决问题的能力。一是"条块部门赋能"，即该机制的运行过程，也是在各区级职能部门响应群众诉求的能力提升上做出了相应赋能的过程；二是"层级赋能"，即该机制在研判层级组织的主责主业以及解决问题的过程，也是对街镇—社区—小区三个层级不断强化自身责权边界，不断提升解决问题的能力作出相应赋能的过程；三是"群众赋能"，即该机制的运行过程是各级各类部门对群众需求和建议的响应与反馈的过程，这不断强化着群众基层治理的参与意识、行动意识、主体（主人翁）意识，以及线上线下诉求表达工具的运用意识，有利于激发群众积极参与基层治理并形成相应赋能。在三方面主体权能的获得过程中，县域基层的政社互动关联不断强化，政社纵向一体的连接不断强化，部门协同的"共同体化"也在潜移默化中得以推进。

表 3-5　"三呼三应"机制主体赋能策略示意表

治理工具	行动策略		主体赋能 （与左项非对应）
"三呼三应"机制	诉求研判	双线并行	条块部门赋能 （职能部门赋能）
	处置模式	镇街吹哨、部门报到	层级赋能 （街镇—社区—小区）
	评估考核	诉求办结率、问题解决率、群众满意率为核心的考核评价机制	群众赋能 （参与意识、行动意识、主体意识、工具运用）

（二）以公共服务精准对接机制，全面赋能党委政府治理主体

公共服务精准对接机制的核心目标，在于以公共服务精准对接为切口，探索党委政府在县域基层治理共同体中的治理权责，并进行全面赋能。

在 W 区的基层治理经验中，其确定了公共服务精准对接机制，作为这一板块的治理工具（表3-6）。选择为社会提供优质均衡的公共服务是政府履行基层治理责任的核心内容，并将其作为破题切口，分别从三个方面探索了基层治理中党委政府需要承担的治理权责与能力诉求。一是提升规划设计的引领能力。这需要党委政府不断开拓科学研判未来城市能级规模、人口增长趋势和需求特征的视野，建立公共服务配套与城市发展阶段相适应、与市民现实需求相吻合的机制。二要建立公共服务需求收集机制。探索形成了 W 区公共服务需求的"三单一表"工作机制。（"三单"：镇街聚焦居民群众生产生活所需，以社区为基本单元开展诉求收集和公共服务短板摸底工作，研究提出镇街公共服务需求清单；园区管委会聚焦企业和人才所需，结合产业功能区规划，按照产城融合、职住平衡的原则，研究提出园区公共服务需求清单；区县级协调部门（W 区为区社会诉求服务中心）系统分析市民群众通过网络理政平台反映的民生诉求，梳理形成网上公共服务需求清单。"一表"：区级协调部门（W 区委社治委）在收到"三张清单"后进行初步筛选，剔除重复项、合并同类项，最终形成全区公共服务需求汇总表）。三是加强公共服务需求研判到公共服务项目的转化能力。这主要从基础公共服务项目转化与购买公共服务项目体系建设两个方面着力。

党委政府在公共服务精准对接机制的推动过程中，同时增强了其在基层治理体系中三个方面的主体权能。一是增强了党委政府公共服务（治理

事项）供给在"时空"两个维度下的总体把控能力，即既能对公共服务（治理事项）的空间承载能力作出宏观把握，又能对公共服务（治理事项）的时间变化诉求作出宏观预测与有效应对；二是增强了公共服务（治理事项）的需求收集能力，即形成了"三单一表"的部门协同工作机制；三是增强了公共服务（治理事项）的项目化转化（含市场化项目包装）及管理能力，即形成了购买公共服务项目的运行与管理体系。

表3-6 公共服务精准对接机制主体赋能策略示意表

治理工具	行动策略		主体赋能
公共服务精准对接机制	规划设计引领能力	全面提升基层公共服务供给的空间承载能力	**三大能力** 1. 公共服务（治理事项）供给的"时空"承载总体把控能力； 2. 公共服务（治理事项）的需求收集能力； 3. 公共服务（治理事项）的项目化转化及管理能力
	公共服务需求收集机制	"三单一表"	
	公共服务项目策划包装	基础公共服务项目购买公共服务项目	

（三）以企业参与城市运营机制，全面赋能市场领域治理主体

企业参与城市运营机制的核心目标是探索以企业参与城市运营为切口，市场力量参与基层治理的责权边界与实现路径。

在W区的基层治理经验中，其确定了企业参与城市运行机制，作为这一板块的治理工具（见表3-7）。

表3-7 企业参与城市运营机制主体赋能策略示意表

治理工具	行动策略		主体赋能
企业参与城市运营机制	探索了"政府主导、市场主体、商业化逻辑"的三个行动可及性	1. 市场主体引育的可及性（城乡社区发展治理领域社会企业机制） 2. 公共服务项目的市场价值可及性 3. 市场主体的基层治理参与渠道	**两项能力** 1. 形成了市场主体参与基层治理的可及性的识别能力 2. 形成了市场力量参与基层治理的可及模式的初步把握能力
	探索了市场力量参与基层治理的三个可及模式	1. 公建配套模式 2. 国企盘活资源模式 3. 社会资本直接参与模式	

一方面探索"政府主导、市场主体、商业化逻辑"的行动可及性，主要探索了三大举措：一是探索了市场主体引育的可及性，以满足公共服务产品需求与城市发展治理为先决条件，明确城市运营商的引育方向。将城市发展治理和公共服务产品供给所需作为重要的"调控性"因素，确定"对外强招引、对内促转型"的思路，研究制定了《W区城市运营商招引培育行动计划》，通过外引与内培，引育了一批能够参与片区综合开发、科创空间运营、未来社区打造、邻里中心建设等领域的平台企业、科技服务企业和城市综合开发等城市发展治理的企业。二是探索了公共服务项目的市场价值可及性，以及以公共服务的市场化包装和政策激励为手段，加大城市运营商的扶持力度的路径。通过党委政府不断增强的市场化包装及运作公共服务项目的能力，从公共服务项目转化为投资机会以及提供激励政策两个方面做出了行动探索。三是探索了市场主体（城市运营商）的基层治理参与渠道。主要探索了投融资改革，确定商业模式，以期实现公共服务项目能建设、政府不负债、企业有收益。

另一方面探索市场力量参与基层治理的可及模式，主要推广了三种模式：一是公建配套模式。结合公共服务项目建设清单，在一级土地整理或出让地块时，附带公共服务项目和基础设施项目建设条件，实现土地开发与公共服务配套同时序、同建设。二是国企盘活资源模式。加大向区属国有公司划拨国有资产的力度，国有公司拿到国有资产后，科学选定自主开发或混改模式，进一步增强资产的开发运作、融资抵押等经营能力，通过融资或营利的资金来反哺公共服务项目建设投入，促进国有企业当好城市运营商中的"领头羊"。三是社会资本直接参与模式。即加大PPP、BOT、ABO等开发模式，吸引社会企业参与公共服务项目建设，将公共服务项目以最大程度实现市场化建设和运营。

针对市场参与基层治理这一全新的基层治理领域，在企业参与城市运营机制的推动过程中，同时增强了党委政府以及市场主体在基层治理体系中有关市场主体的两个方面的主体权能。一是建立并初步形成了市场主体参与基层治理的识别能力，二是建立并初步形成了市场力量参与基层治理的初步把握能力。

（四）以社会组织引育扶持机制，全面赋能社会领域治理主体

社会组织引育扶持机制的核心目标，在于以社会组织引育扶持为切口，探索社会力量参与基层治理的责权边界与有效路径。

在 W 区的基层治理经验中,其确定了社会组织引育扶持机制,作为这一板块的治理工具(见表 3-8)。

表 3-8　社会组织引育扶持机制主体赋能策略示意表

治理工具	社会力量参与基层治理的政策工具		主体赋能
社会组织引育扶持机制	引育	社会组织发展支持中心 完善政府购买服务体系	两项能力 社会力量有序生长能力 社会力量发展的政策制定与执行能力
	扶持	社会组织发展基金 社工人才激励政策 社区专职工作者管理体系	
	管理	社会组织党组织建设 社会组织管理办法 社会组织信用评价体系	

W 区将社会力量区分为社会中的组织力量与社会中的群众力量,组织力量相较于群众力量的主体性与能动性更强,是探索社会力量参与基层治理更为核心的主体方。在这一阶段,W 区主要立足加快构建政府与社会组织的新型合作关系,通过一系列实在落地的政策性治理举措,形成对社会组织的引育扶持,主要从三个方面探索了社会力量参与基层治理的有效政策工具。一是从引育的角度,在促进社会组织集聚发展方面,重点探索了组建社会组织发展支持中心,和完善政府购买社会组织服务体系建设两项政策工具,以及"以社会组织来培育社会组织"的工作模式。二是从扶持的力度,在促进社会组织茁壮发展方面,重点探索了建立扶持社会组织发展的基金会、社工人才激励政策、社区专职工作者管理政策等政策工具。三是加大管理力度,促进社会组织有序发展。重点探索了社会组织党组织建设办法和社会组织管理办法,健全社会组织信用评价体系,建立完善部门信息共享、联动监管的工作机制等政策工具。

在社会组织引育扶持机制的推动过程中,其同时增强了党委政府和社会组织在基层治理体系中有关社会主体的两个方面的主体权能。一是系统探索了社会力量在基层社会中的有序生长并有效参与基层治理的方式;二是从引育、扶持、管理三个方面,系统探索了社会力量发展过程中的政策制定与政策执行方式。

二、产出成效:主体全面赋能的"四大机制"工具包

如果说定盘筑基阶段的治理目标在于夯实县域基层治理底部根基,搭建并筑牢县域基层治理体系的"四梁八柱",那么全面赋能阶段的治理目标则在于全面激活县域多元治理主体参与治理的能力,即在"四梁八柱"中,填充县域基层治理体系的"血与肉"。因此,这一阶段县域治理的统筹重心,在于有效激活多元主体的治理权能。具体工作围绕不同主体展开。

在 W 区的基层治理经验中,以"四大机制"对激活多元主体的治理权能进行攻关。一是针对行政科层体系与群众的互动关系(政社互动),实施民生诉求响应处置机制。目标在于在切实回应民生诉求的基础上,向政社连接体系中注入"能动"元素,增强政社之间的有机互动,分别向行政工作体系内的执行主体和普通基层群众这两个治理主体同时赋能。二是针对党委政府的能力提升,实施公共服务精准对接机制。目标在于以公共服务精准对接为切口,探索党委政府在治理共同体中的治理权责,并进行全面赋能。三是针对市场主体参与治理的能力提升,实施企业参与城市运营机制,目标在于以企业参与城市运营为切口,探索市场力量参与基层治理的责权边界与实现路径。四是针对社会主体的能力提升,实施社会组织引育扶持机制,目标在于以社会组织引育扶持为切口,探索社会力量参与基层治理的责权边界与有效路径。

"四大机制"对多元主体的整体、全面赋能策略及其操作路径,如表3-9所示。

表3-9　治理主体全面赋能"四大机制"工具包示意表

治理工具	针对主体	赋能策略	获得能力
"三呼三应"机制	科层体系+群众	诉求研判-处置模式-评估考核	三大能力 1. 条块部门赋能(职能部门赋能); 2. 层级赋能(街镇—社区—小区); 3. 群众赋能(参与意识、行动意识、主体意识、工具运用)
公共服务精准对接机制	党委政府	规划设计引领能力-公共服务需求收集机制-公共服务项目策划包装	三大能力 1. 公共服务(治理事项)供给的"时空"承载总体把控能力; 2. 公共服务(治理事项)的需求收集能力; 3. 公共服务(治理事项)的项目化转化及管理能力

表3-9(续)

治理工具	针对主体	赋能策略	获得能力
企业参与城市运营机制	市场主体	"政府主导、市场主体、商业化逻辑"的三个行动可及性和可及模式	**两项能力** 1. 形成了市场主体参与基层治理的可及性的识别能力； 2. 形成了市场力量参与基层治理的可及模式的初步把握能力
社会组织引育扶持机制	社会主体（社会组织）	引育体系-扶持体系-管理体系	**两项能力** 1. 社会力量有序生长能力； 2. 社会力量发展的政策制定与执行能力

第五节　完善阶段：体系建设

　　W区的县域基层治理体系步入第三阶段，这一阶段的核心目标是建设县域基层治理"能动的共同体"。"体系建设"是这一阶段的核心任务，可用"有机体化"概括。换言之，这一阶段通过有机体化的体系建设，实现对县域基层治理"能动的共同体"的建设。而从操作路径来看，则是将前两个阶段的治理成果，通过构建系统的治理体系，作出县域统筹的体系化整合，具体而言，县域统筹应当形成"生产供给-动态运行-监测评估-价值一体"的四大体系建构，并形成治理体系的逻辑闭环。

　　这一阶段，需要应对的县域基层治理时代命题有以下三个。

　　一是居民参与。在治理体系相对完善的基础上，进一步强化党建引领居民参与自治，通过基层治理建设，鼓励居民的治理创新，充分激发居民群众的主动性、能动性与责任感。这一阶段，应当特别强调居民的参与范围，持续广泛地探索党建引领，群众参与的居民总动员体系建设。

　　二是主体参与。在多元主体责权边界相对清晰的基础上，进一步强化党建引领多元主体契约式互动体系。一方面应对社会发展变迁，进一步探索和扩展"政府—市场—社会"三方的参与范围与参与内容；另一方面积极探索政社、政企、企社、政企社间的联动与互动机制，探索党建引领下政府—市场—社会之间相互约束、相互成就、彼此共担的契约式互动体系建设。

　　三是体系化。在"体系+机制"的工作体系运转成熟的基础上，通过

"党建引领，共建共治共享"的基层治理建设，形成部门协同的"共同体化"、多元主体的"共同体化"、润入基层的"共同体化"这三个层面既分域突破又有机互联的县域基层治理共同体有序建设的良性局面。基于此，完善阶段可被定义为"有机体化、主体共担"，将"多层多级的治理主体能动创造、自觉'共担'，'能动的共同体'基本建立"设立为阶段目标，形成"政府—市场—社会"有机互联，治理体系韧性建立，多元主体能动地参与治理的格局。在治理策略上，系统治理将成为重要的治理工具，努力通过治理体系建设，形成"生产供给-动态运行-监测评估-价值一体"闭环建设的县域基层治理体系。经由这一阶段，"共同体"的主体能动性开始被激活，部门协同的"共同体化"更加能动、体系更加完善，主体增能、归位，多元主体的"共同体化"日渐形成，群众诉求不断满足，润入基层的"共同体化"初步显现。

如表3-10所示，本书建议县域治理体系由"生产供给-动态运行-监测评估-价值一体"四个环节组成，这也表示，县域"能动的共同体"的（治理）体系建设，将由这四个方面构成。在前两个阶段，依据所面临的基层治理任务属性，治理目标分别确定为夯实县域基层治理底部根基与四梁八柱（首要阶段），以及全面主体赋能（进阶阶段），而这两个阶段的目标任务，主要指向了"生产供给"环节，即主要围绕如何有效地供给社区公共服务与基层治理资源，让基层治理有阵地、有主体、有任务、有能力。进入到完善阶段，在确定了以实现县域基层治理共同体建设为目标时，基层治理的体系化便十分重要了。其至少需要达到两个方面的目标：一是以多元参与为底层逻辑的县域基层治理共同体，形成工作体系上的逻辑闭合，在这个意义上，只有"供给"环节是不足够的，还需要增加"运行"和"评估"两个环节，才能令体系完整、自洽运行。二是需要建设一套全社会共同认同的价值体系。一方面这套价值体系将贯穿"供给-运行-评估"三个环节，形成指引，并将帮助每个居民获得公共归属感与心安感作为价值引领；另一方面这套价值体系将成为构建基层治理社会秩序的重要"底色"，从基层治理的长效来看，是"能动的共同体"建设中，令共同体不断"有机体化"、久久为功的文化根基与韧性保障。

表 3-10　县域治理体系示意表

治理功能领域	治理元素	治理内涵
生产供给体系	主体生产体系：①党政力量 ②市场力量 ③五社联动 资源供给体系：①行政资源 ②市场资源 ③社会资源 服务供给体系：①阵地供给 ②市场供给 ③居民自我供给 组织动员体系：①组织动员 ②社会动员 ③市场动员	多元供给
动态运行体系	部门协同的"共同体化"运行：五大工作体系+特殊领域 多元主体的"共同体化"运行：进一步探索多元主体参与营城的发展治理领域及策略并探索其主体间的互动机制。 润入基层的"共同体化"运行：幸福美好十大工程+机制撬动，如"社八件"2.0版、小区十项	持续运行
监测评估体系	分别对应生产供给体系与动态运行体系，生产出相应匹配的动态的监测评估执行体系。	评估保障
价值一体体系	建立"行动认同、主体认同、组织认同、制度认同、文化认同、观念认同"六大认同体系	价值认同

一、供给体系

我们认为，在县域治理体系中，供给体系当重点把握"两个兼顾"。一是"生产"与"供给"兼顾，即既要注重将各项治理资源、治理服务供给到最需要供给的地方，体现精细导向与效能导向，还要注重探索治理资源与治理服务的"生产"过程，"政府独大"的治理供给模式不再适用，需要多元主体"共担"生产治理资源与治理服务。二是"多元"与"一体"兼顾，即既要关注到不断激活"多元"主体对治理资源的生产，还要不断强化党组织与基层党建力量对多元主体的绝对引领，形成"一体化"和"强中心"的引领模式。具体而言，应当包括"主体生产、资源供给、服务供给、组织动员"四个方面。

第一，主体生产体系。即，继续不断提升多元主体参与基层治理的能力，建强基层治理中的多元主体力量，使得基层治理的多元主体格局更加健全与完善。具体应当包括三个方面：①在党政力量方面，继续向党政主体的治理能力赋能，特别是在增强政社互动、增强基层党委政府的四个意识以及服务能力方面重点着力；②在市场力量方面，继续向市场力量参与基层治理持续赋能，特别是在市场逻辑与治理逻辑相结合方面寻求创造性突破；③在五社联动方面，建议在 W 县域统筹的整体格局中，在建设"能动的共同体"整体格局中，探索符合 W 区域特色的五社联动模式，为四川乃至西部地区五社联动贡献 W 区经验。

第二，资源供给体系。即，继续探索基层治理资源与社区服务资源的生产与供给来源问题，继续在资源供给层面，探索治理与发展有效互动、良性互促的治理路径。

具体包括三个方面：①在行政资源方面，在继续完善行政治理资源在横向部门间的统合模式基础上，作出两个方面的拓展性探索：一是通过点状示范，在一定程度上探索行政资源在基层（社区、小区）的逐渐退出（或日渐弱化）机制，也即，探索当行政资源逐渐退出（或日渐弱化）后，基层治理资源如何可持续地生产的有序衔接机制；二是探索行政资源在现有制度框架下，其进一步生产治理资源的可及空间。②在市场资源方面，进一步探索市场资源转化为治理资源的有效模式，具体可作出两个方面的探索：一是继续探索社区社会企业的操作模式；二是探索将市场链条引入治理领域的模式，比如北京劲松模式，即在坚持党建引领下，通过县域统筹将社区治理中的资源供给，纳入到已经成熟的产业链条中，找寻坐标位置。在论证了公共服务可被有效供给的前提下，以及明确了基层治理某个特定领域（如老旧小区更新）在市场链条中的位置后，将基层治理中的某些领域带入市场，探索实现市场主体盈利+公共服务供给的双赢模式。③在社会资源方面，继续通过多种方式，进一步探索社会资源进入基层治理的模式。如社区基金、更加多元化的社会组织、平台建设，等等。

第三，服务供给体系。即，探索党建引领下，多元主体供给基层治理服务的体系化建设，这一体系当特别强化党建为中心的体系网络。具体包括了三个方面：①在阵地供给方面，即在前两阶段，通过在"空间治理"已经建立起的基层治理阵地基础上，探索基层阵地供给治理服务的效能最大化模式，同时，梳理阵地供给基层治理服务与购买基层公共服务的两张清单。②在市场供给方面，核心在于进一步厘清市场供给基层治理服务的边界与权责，形成市场力量供给基层治理服务的准入清单和内容清单，探索"区县—街道—社区"三级社区合伙人模式。③在居民自我供给方面，即进一步探索居民通过自我供给基层治理服务，"共担"基层治理权责，提升治理主体性的工作模式，如"社八件"2.0 版。

第四，组织动员体系。即，进一步强化和探索新时期党建引领下多元主体"共担"的组织动员体系，特别是强化党委政府对多元主体的动员能力建设。具体包括三个方面：①在组织动员方面，特别要强化在纵向与横向两个维度上，基层党组织在基层治理中的引领力与动员力。在纵向上，强化"区—街镇—社区—小区"四级党组织对基层治理的引领与带动能力；在横向上，强化区域化党建在基层治理资源生产、服务供给、提供服务的能力。②在社会动员方面，强化党委政府对社会组织与普通居民的双重社会动员能力。一是要进一步明确社会组织在"共担"治理以及县域能动的共同体建设中的重要功能并进行有效引导与规范化建设；二是进一步探索对广大百姓"共担"意识与"共担"行为的广泛动员。③在市场动员方面，强化党委政府对市场力量参与基层治理的动员、规范与监管，并探索相应的工作模式。

二、运行体系

我们认为，在县域治理的逻辑体系中，运行体系是将前两个阶段可持续性地向前推动，并有效应对新出现的各类治理问题的重要环节，应当重点把握"共同体化"这个关键词。所谓"共同体化"，就是通过运行体系的建设，将前两阶段中原本相对孤立和分头建设的各项治理体系、治理机制、治理元素，通过"共同体化"的建设，整合化与体系化，进而成为基层治理系统运行的重要保障。具体而言，应当包括"部门协同的共同体化、多元主体的共同体化、润入基层的共同体化"三个具体方面。同时，还特别需要强调运行体系的动态性，也即可以对随时出现的新的治理问题及时进行运行策略的动态调整。

第一，部门协同的"共同体化"运行。如前所述，基层治理共同体是，条块与层级部门间通力合作、资源统筹、集成推进、共担共享的行动共同体。具体包括两个方面：①进一步完善"党建引领五大治理工作体系"的工作格局。即，在基础保障方面，进一步完善县域统筹五大治理体系：组织体系、领导机制、制度体系、动员体系、保障体系。通过五大体系的深化建设，形成与治理相关的行政部门间共担治理权责、共创治理良性格局的"共同体化"过程。②进一步厘清"区县—街镇—社区—小区"四级治理单元的治理权责，增强四级治理单元分工协同的工作格局能力，同时，不断激发各个层级在基层治理领域的创造性活力，形成不同层级治理单元各司其职又创新涌现的"共同体化"格局。

第二，多元主体的"共同体化"运行。如前所述，基层社会的共同体是多元主体之间权责对等、互嵌共担的共同体。多元主体的"共同体化"，就是要在多元治理主体普遍具备了参与基层治理的意识、动力、行动后，进一步探索和厘清多元主体参与基层治理的领域与行动策略，并形成其主体间的互动机制。即在县域探索党建引领下，"政府—市场—社会"三大主体间的整套动员性、保障性机制，利用如需求-响应机制、责任承担机制、赋能增能机制、机会供给机制等，促进多元主体责、权、利归位。

第三，润入基层的"共同体化"运行。如前所述，基层社会的共同体是每一个位域内群众共享参与机会、共担参与责任的共同体。对于普通群众而言，这将是一个循序渐进的过程，就是要通过基层社会治理，让群众间的社会关系从"社会化"转变为"共同体化"，通过遵守规则、表达主张，构筑出亲和友善、相互认同的生活状态和组织关系的过程。除了宣传倡导与公民教育，更需要一系列的行动举措，如借助"幸福美好十大工程"，形成系列撬动性机制。再如，在"社八件"2.0版、小区十项等工作中，进一步强化"共担"理念，引导"共担"行为等。通过这些举措的实施，将县域治理体系所形成的各项秩序规则与治理指令，以恰当的方式"进入基层-融入基层-嵌入基层-引领基层"，而基层群众则在社会关系的互动当中"接受秩序-认同秩序-遵守秩序-承担责任"。

三、评估体系

我们认为，在县域治理的逻辑体系中，评估体系是第三阶段需要特别关注，甚至首先应当完善并探索出有效实施路径的重要环节，也是完善县域能动的共同体工作体系、形成逻辑闭环的关键环节，更是充分体现"以人民为中心"、以百姓需求为本的县域基层治理体系的重要环节。在评估体系中，应当重点把握"全面性"与"民本性"两个关键词。具体而言，需要重点突破三个方面。

第一，围绕政策评估展开设计。从本质上说，对县域治理体系的监测与评估是一项政策评估，需要遵循政策评估逻辑，而非项目评估抑或民意测验。因此，需要建立一套以"政策目标-政策执行-政策成效"为三个环节的动态监测与评估体系。对这一内容体系的关注，目前在诸多领域已经较为成熟（如公共服务政策、公共卫生政策等），但是基层治理领域尚未有效开展的重要工作领域，值得通过县域统筹作出制度化探索。

第二，兼顾四个维度展开设计。在具体操作时，应当围绕基层治理能动的共同体建设目标，在监测评估中兼顾四个维度：维度一，兼顾"个体"与"整体"的行为量度。一方面监测评估要能体现和测量居民个体参与的意识形成过程与行为表达方式；另一方面监测评估还需要反映社会心态的形成状况。维度二，兼顾对政策结构的综合建构量度。需要反思政策制定、政策执行、政策成效、发展预测的整个过程。维度三，兼顾个体利益与社会质量的量度。评估既要反映是否满足人民群众不断增长的美好生活向往，也需要兼顾反映县域的整体基层社会发展与治理的质量提升状况。维度四，兼顾群体发展与社会发展的量度。评估既要满足县域整体基层社会发展与治理的质量提升评价，还需要研判不同治理主体发展诉求的满足状况。

第三，分别对生产与运行体系进行评估。也即分别对应生产供给体系与动态运行体系，生产出相应匹配的动态的监测评估执行体系。这既可能是一整套综合的监测评估体系，也可能是一项具体工作的监测评估体系。

四、价值体系

我们认为，在县域治理的逻辑体系中，价值体系是县域基层治理形成坚强且长效的基础性秩序的极为重要的保障体系，同时，以参与共享为底层逻辑的价值体系得以实现，也是建设县域基层治理"能动的共同体"的一项极为重要的远景规划。这需要系统谋划、久久为功。如前所述，在价值体系中，重点当把握"多元"与"一体"两个关键词，形成"多元一体"的价值遵循，即，这一价值体系既能兼顾"政府—市场—社会"三方治理主体的价值追求，有利于形成"政府—企业—社会"共同参与治理的权责，还能构建起党建引领下的"价值一体"，并贯穿基层治理始终。

具体而言，就是要努力建立起六大认同体系，分别为：行动认同、主体认同、组织认同、制度认同、文化认同、观念认同。一是行动认同体系，是指通过一系列富含价值引导属性的政策推动与价值宣传，在广大百姓中形成化于心、化于行的参与治理的行动自觉。二是主体认同体系，是指通过构建党建引领多元主体参与治理的良性机制，使得多元主体（政府—企业—社会）不仅满足各自利益诉求，还能适当让渡权益，形成"共担"责任，并被整合进具有约束力的多元主体互动秩序中。在这套由党建引领所构建的互动秩序中，如果有主体违反"共担"规则，则面临生存性淘汰的后果。三是组织认同体系，是指在基层治理共同体中，多元主体对党组织的核心作用与引领功能高度信任与高度认同，普遍形成了对组织权威的认同自觉。四是制度认同体系，指多元主体对基层治理的体制机制、制度安排、价值观念等展现出高度的行动自觉、规范自觉、认同自觉与意识自觉。五是文化认同体系，是指基层治理共同体中，多元主体对共建共治共享的文化价值与文化内涵均高度认同，在践行着共建共治共享的治理文化的基础上，还能不断地创造性生产与"承扬"治理文化。六是观念认同体系，是指基层治理县域"能动的共同体"具备了高度的价值引领力，能将"价值一体"贯穿于基层治理体系中的方方面面，并发挥维系基层治理共同体的功能，使得基层治理体系兼具多元诉求的满足力与价值一体的构筑力。

第四章 城市进阶生命周期的集成式治理：以J区为例

与前一章所介绍的W区在县域层面开展"总体式"治理，从开始便立足县域作出分步进阶的治理设计不同，J区以一次名为"集成化"改革的项目实施为契机，在县域层面主动反思并积极构建了依城市进阶生命周期的集成式、分类治理方式，对县域治理的整体性思考，亦有借鉴意义。

J区位于成都市主城区西北部，是成都市的主城区之一。在一般的认识中，J区属于成都市中心城区，地处老城核心区。但实际上，J区所辖区域为：从成都市的老城核心区，以近乎扇形的空间分布，延展至成都市绕城高速以外。在J区，城市形态与农村形态社区兼具，老旧城市社区与新型现代化社区兼具，各类社区、小区类型兼具。新中国成立以来，不同历史阶段生长并形成的社区"烙印"之迹可循且具有片区集中性与规律性，不同社区所面临的社区发展治理问题不尽相同，因此J区是探寻县域城乡社区发展治理模式的典型样本。

J区以推进城乡社区发展治理"集成"改革为探索路径，寻求党建引领，县域"创造性"治理的J区行动策略，分别在治理目标、治理模式、制度体系、治理动能、治理保障五大领域系统谋划、统筹发力，形成了党建引领、县域集成治理的工作模式。

第一节 以三阶段"标准"集成，探索县域总揽路径

J区的基层治理集成改革经验表明，可通过"集成"推动与创新探索，在治理目标上创造性作出分阶段整体谋划，以令县域治理的根基不断稳固。J区的实践经验，具体可分为如下三个阶段（见表4-1）。需要说明的

是，三个阶段并非按照泾渭分明的先后顺序排序，在一些必要环节三者需协同推进，但在工作重点与工作重心上，当形成先后推进的步骤。

表 4-1 J 区城乡社区发展治理集成改革下分阶段集成目标一览表

阶段	集成路径	治理目标	创造性体现	核心举措
首要阶段	横向——逐层夯基	条块功能归位	条线资源整合理顺横向根基全面夯实	体系夯基：城乡社区发展治理工作领导小组 组织夯基：一系列党组织提能工程 阵地夯基：社区发展治理"百千万"工程 服务夯基：公共服务设施"三年攻坚行动"
并行阶段	纵向——建立体系	筑牢四梁八柱	制度体系逐步完善纵向骨架体系搭建	形成："11654"总体思路 启动：社区治理集成标准化改革试点
进阶阶段	立体——创新突破	形成系列机制	治理要素分类集成示范模式竞相形成	启动：社区治理集成创造性改革试点 形成："六类"社区发展治理模式机制

一、首要阶段：逐层夯基，条块功能归位

理顺县域治理的条块部门间的关系是基层治理的重要目标，而该目标之所以难以达成，往往在于县域治理的底部根基尚未筑牢。J 区实践表明，全面筑牢基层治理的底部根基既是县域基层治理的职责所在，也应当是基层治理的首要关切。

由此，在首要阶段，J 区实践将"集成"的核心聚焦在"横向统合"，力图系统铺设与全面筑牢县域基层治理的"块状"底部根基，以此来落实县域对市域社区发展治理要求的"转化"。具体路径上，包括了四个层面的"横向统合"。

一是体系夯基。即治理体系上，形成对"条条"治理权力、资源在县域的"块状"统合。为此，J 区在深刻领会、全面落实所属市委重大决策部署的基础上，成立了由区委副书记任组长的城乡社区发展治理工作领导小组，组建了区委社治委，协同统筹县域 40 余个部门的城乡社区发展治理资源，并首先明确了将"集成"作为统揽 J 区基层治理工作的核心"治理术"。

二是组织夯基。即在组织根基上，对县域基层组织体系进行全面建设与系统增能，以确保基层党组织获得治理权能并切实发挥作用。为此，J区围绕党组织提能，开展了一系列工程。一是以筑强组织体系作为一切工作的起点。以开展党建引领、基层治理的集中攻坚行动为着力点，不断扩大党建覆盖面，进一步健全横到边、纵到底的基层党建组织体系。二是以组织能力建设作为开展工作的基础。为此，深入推进"红色领航"和"百优社区后备干部"选培工程等。三是以设置创建工程作为组织体系的骨架。为此，实施了党建引领社区发展治理"十大筑基"工程，完善了"一核多极、三带三圈"基层党建发展新体系。四是以丰富各类活动作为组织体系的血肉。为此，进一步组建社区区域党委，推动驻区单位、行业系统、产业功能区、社区党组织互联互动。基于以上工作，基层党组织引领社区发展治理的组织根基全面夯实。

三是阵地夯基。J区最先系统谋划、整体聚焦小区治理这一基层治理最难攻克之末端治理单元，开展了党建引领，社区发展治理"百千万"工程。实现了在基层阵地上，对小区的全面化、标准化的阵地建设，形成了持续性地将中央、省、市、区各级治理思路、治理指令有效植入小区与小区自治活力各自迸发的良性互动格局。具体而言，自2017年起，J区创新启动党建引领，社区发展治理"百千万"工程，用3年时间评选100个"微幸福"示范院落、培育1 000支院落"微队伍"、实施10 000个院落"微项目"、搭建四级社会组织孵化平台450个、孵化培育社会组织1 860家，每个社区均有20个以上社区社会组织常态化开展各项活动。同步推进院落治理智慧引领、院落治理创优争先、社区社会组织培育发展、"社区发展基金"建设等行动，不断夯实基层治理基础。

四是服务夯基。重新定义公共服务体系的治理功能，赋予公共服务体系在县域的"政社连接"的重要链条使命，以全面夯实基础性公共服务供给体系，通过增强群众获得感强化基层"政社连接"。为此，J区集成谋划，全面实施公共服务设施"三年攻坚行动"，补充完善基础公共服务供给体系。新建学校9所、社区卫生服务中心3个、农贸市场5个、省医院J区医院、银海眼科医院等建成投用，58个"15分钟公共服务圈"加快形成，J区先后荣获"全国中小学校责任督学挂牌督导创新区""全国健康促进区"等称号。经由体系、组织、阵地、服务四大领域的逐级夯基，县域基层治理的底部根基大体得到夯实。

二、并行阶段：建立体系，筑牢四梁八柱

在夯实基层治理底部根基的同时，需要推进形成一套总体性的治理思路与治理制度体系；J区实践表明，这一总体思路与制度体系的推进成功与否，很大程度上取决于"首要阶段"基层治理之底部根基是否筑牢。由此，J区实践将这一阶段看作为"首要阶段"的"并行阶段"，旨在令基层治理的县域制度体系逐步完善，纵向骨架得以搭建，从而保障县域治理的"集成"推进。具体路径上，形成了两套体系。

第一，立足静态体系，构建四梁八柱。建立形成"11654"总体思路。即，聚焦一个目标：建设高品质和谐宜居生活社区；突出一大核心：基层党组织的领导；坚持"六化"协同：社区风貌品质化提升、社区服务精准化配置、社区院落系统化自治、社区文化特色化涵养、社区民生立体化保障、社区人才专业化发展；健全五项机制：组织领导机制、联动推进机制、多元投入保障机制、社会组织发展机制、以居民为主体的权责统一机制；提升四种能力：基层党组织领导能力、群众工作能力、矛盾化解能力、舆论引导能力。

第二，立足动态体系，形成工作思路。启动社区治理集成标准化改革试点工作。即全面创新启动以"一核引领、双线融合、三治协同"为核心内容的社区发展治理集成改革，此项改革兼具标准化约束与创新性空间。J区通过系统梳理涵盖党建引领、双线融合、小区治理、公共服务等八大类30项重点工作，选取了六个街道，进行街镇层面的标准化重点工作"集成"推进与创新探索。

三、进阶阶段：创新突破，形成系列机制

在基层治理底部根基得到夯实、治理体系逐步建成后，创新治理示范探索便更具生命力与示范价值。由此，J区实践将"创新突破"作为进阶阶段的集成关键，在充分体现县域"整体谋局"的基础上，注重倡导"街镇—社区—小区"广泛形成以"集成要素"为突破的创造性自觉，充分认清并挖掘自身资源禀赋，形成党建引领下，系列社区发展治理创新模式机制群。具体而言，做到两大突破：

一是试点中不同层级形成"创造自觉"。J区分别在六个试点街道选取六个社区作为试点，指导不同层级单元厘清所在区域的城市演进特点，包

括：治理生命周期阶段、代表性资源禀赋、代表性社区发展类型，树立破题意识，广泛集成治理资源；依据某一类"集成"要素，探索形成具有代表性的创新社区治理模式，树立起从区县到试点"区县—街镇—社区—小区"四级创造性自觉。

二是集成试点中六类社区治理创新模式及机制。通过在六个试点社区的创新实践，J区分别识别出不同城市进阶阶段下、不同类型社区的特定"集成"要素，并形成了六类社区治理的创新模式与创新机制。

第二节 分时空"创新"集成，探索分类治理模式

如前所述，在基层治理的底部根基和治理体系逐步理顺后，创新治理的示范探索便更具生命力与示范价值。由此，J区的探索实践进入分类别的"创新突破"阶段，在"街镇—社区—小区"三个层面形成以"集成要素"为突破的创造性自觉，形成了如下治理格局。

一、宏观布局：城市进阶与社区发展治理生命周期

在"创新突破"阶段，J区以"时空"为轴，对辖区空间进行统筹分类，构建起城市进阶与社区发展治理的"全生命周期"，具体涵盖了五个城市进阶阶段（见表4-2）。五个阶段以城市的大体建成时期为指标，对城市类型做了"简化"分类，每一阶段代表了城市建成的大致时期，但阶段间可能存在一定的时间重合。

阶段一：1950—1990年，城市进阶特征为"老邻里场景"。主要在成都市一环以内到二环之间的广大区域，城市形态大体形成于1990年以前，以老旧院落、单位院落、背街小巷及市井化的社区商业等为社区主要形态。该类型社区的治理核心，在于如何有效实现老城的城市有机更新，并秩序化地打造符合现代生活方式的老成都"烟火气"。这一阶段试点社区为西南街社区与枣子巷社区。

阶段二：1990—2010年，城市进阶特征为"城镇化初期"。主要在成都市二环路周边到三环路之间的广大区域，为我国城市化快速扩张初期兴起的社区，以10年以上老商品房小区为主要形态，所面临问题独特、多元且多发，不仅物业管理、业委会成立与运作、公共维修与公共协商等问题

叠加，而且一些老商品小区的新问题、新矛盾亦不断涌现。该类型社区的治理的核心，在于探索党建引领下，小区居民形成公共事务自决能力的有效路径。这一阶段试点社区为九里堤北路社区。

阶段三：2010—2020 年，城市进阶特征为"现代化场景"。主要在成都市三环路周边到三环以外的广大区域，为近年来城市化进程中较新建成的社区形态，以现代化的商品房小区群及高端化的配套商业为主要社区形态，其可代表公园社区与未来社区的场景形态。该类型社区的治理核心，在于供给高端化、标准化的公共服务，打造高品质的公园社区，形成"社区标准化、小区差异化"的标准服务与精细服务相结合的未来社区治理有效路径。这一阶段试点社区为新桥社区。

阶段四：1949—2020 年，城市进阶特征为"全时空混合"。主要分布在成都主城区的核心区，是一种既有老旧院落，又有城市化初期建成小区，还有现代化商品房小区以及高中低端各类型的社区商业并存的"全生命周期"混合形态社区。该类型社区的治理核心，在于建立融合机制，将一切治理目标指向"融合"，令多时空背景的多人群均能共建共治共享城市现代化治理成果。这一阶段试点社区为曹家巷社区。

阶段五：城镇化改造期，城市进阶特征为"'直过'转换期"。主要为城镇化进程中不断出现的农民集中安置社区，从未来新出现的角度，将会主要分布在新建成的城市形态里的各类安置社区中。该类社区在某种意义上可被看作是"直过"社区，即从农村田园生活方式直接过渡到城市公共生活方式，基层组织单元往往被打破重构。其治理核心，在于在重构新的基层组织单元与治理单元中，确保治理有效、民有归属。这一阶段试点社区为万石社区。

表 4-2　J 区城乡社区发展治理集成改革下分阶段集成目标

城市进阶阶段	城市社区形态	核心治理问题	创新试点社区
1949—1990 年老邻里场景	以老旧院落、单位小区为核心，老旧城区改造问题	城市有机更新老成都烟火生活存与续	西南街社区枣子巷社区
1990—2010 年城镇化初期	以老商品房小区为核心	党建引领，小区居民公共事务自决能力	九里堤北路社区
2010—2020 年现代化场景	以公园社区、现代社区、未来社区为核心	高端化公共服务供给打造高品质公园社区	新桥社区

表4-2(续)

城市进阶阶段	城市社区形态	核心治理问题	创新试点社区
1949—2020年 全时空混合	多时空形态混合,多类型小区并存,体现单位制向当代社区的转化	促进社区内融合弥合小区间分化	曹家巷社区
城镇化改造期"直过"转换期	以拆迁安置小区为核心	治理有效 民有归属	万石社区

二、1949—1990年:老城生活方式的"承与续",社区"烟火秩序"集成

(一) 老旧院落社区的有机更新治理

这类社区的试点社区为西南街社区。该社区是一个典型的1950—1990年阶段城市社区类型,具有如下三个典型特征:①社区所辖院落数量众多,院落间治理形态差异较大。社区共有居民院落90个,其中老旧院落数量高达86个,80%为20世纪90年代以前建成,院落几乎各不相同。社区居民的治理诉求多元且零散,各个院落间形成了多样化、差异化的治理模式。②社区商居低端混合,业态多元混杂。该社区总户数10 013户,户籍居民约16 487人,流动人口约2.8万人。社区居民的居住类型多样、收入水平偏低、老龄人口占比高达70%。社区无物业管理小区占比为90%,底商较多,不仅低端还缺乏统一规划。③社区一面是"老城烟火"一面是"设施老旧",平安管理难度大。随着城市化进程加快,该社区基础设施老化、安全隐患增多、生活品质下降、人口老龄化、流动摊贩居多、社区商业低端等问题矛盾日渐突出。社区居民嘲讽其为"稀烂街",社区基础设施亟待现代化"接续"。社区中个别老旧小区已无管理主体,处于"失管状态",亟待形成以"平安"为本底、院落自治为基础的治理模式。

1. 核心任务

西南街社区的经验表明,老旧院落区的有机更新,核心在对传统生活方式的"现代化"改造与存续。这一方面需要充分尊重本地居民的"能动性"与"自主性",将治理内容与本地需求充分对接;另一方面,还特别需要制度"加持",当在党建引领下,在机制层面寻求三个方面的突破。

小区做自治,形成老旧院落多元共治格局。社区下辖90个居民院落,每一院落的形态及治理诉求差异很大,其治理的核心是在党建引领下,充分依靠群众力量、激活院落居民多元共治,形成党建引领下,满足复杂多

元治理诉求的充分自治格局。将科技赋能与"群众自决"充分结合，在充分尊重群众已有生活方式的基础上，开展老旧院落的有机更新改造，确保老生活"保存"，并与现代生活"续接"。

片区促融合，搭建老旧院落间的多元融合平台。随着自治力被激活，社区应当搭建居民院落的多元治理融合平台，以提供标准化公共服务，促进院落之间、商居之间和谐共生，平安社区得以建成。总之，通过片区融合，延续老成都将家庭日常生活空间向社区空间充分延展之传统，让不同类型的生活空间在公共空间中进一步融合共生。

社区建体系，探索"一体多元"的共建共治体系。通过治理体系建设、组织提能建设、烟火场景营造、活力秩序保障，逐步形成"一体多元"的老旧院落社区发展治理有机体，打造老成都、新邻里中的"新熟人"社会。

2. 突破路径

构建"三层级"社区治理路径。见图4-1。

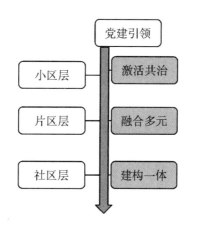

图4-1　西南街社区三层级社区治理路径

具体内涵详见表4-3。

表4-3　J区城乡社区发展治理集成改革下老旧院落有机更新治理路径

工作阶段	层级目标	核心内容
小区层	共治能动得以激活民主决策更新事务	"1+3"路径：依托党建引领下社区发展治理"百千万工程"探索院落小区差异化自治模式； ——组织："最后一公里"红色服务圈； ——人才：探索职业化社区工作者队伍体系建设； ——网底：社区党委公示300余名党员； ——自治：充分尊重居民需求的场景更新，民主决策
片区层	融合共治平台搭建	1. 片区治理组合：划定片区，组合治理； 2. 场景融合平台：多维度生活场景营造； 3. 共治融合平台：与5家驻区单位党组织建立了"双向服务"共建机制； 4. 法治融合平台：依托"中院"资源，"坝坝法庭"常态化，打响"党建+法治"主题品牌； 5. 商居共治平台：引入华侨城物业公司片组团服务
社区层	一体多元机制形成	1. 党建："1+N"党建工作法，构筑"街道工委—社区党委—院落党小组"三级联动机制； 2. 人力：探索建立"四级"网格管理架构以及社区工作者队伍体系； 3. 平台：融合共治"五大"平台； 4. 场景：老生活烟火场景全面营

3. 关键集成要素

西南街社区所在街道以"一核引领、双线融合、三治联动"的标准化社区集成改革内容为基础，从街镇层面统筹布局，围绕空间聚居又复杂零散的老城院落群，探索实现秩序化又满足老城居民市井生活的集成治理模式，实现烟火气的秩序化集成。其经验包含四大关键集成要素。

要素一：集成思路（片区集成）。在社区以下，小区以上，以相似的小区院落组团形成治理的"片区"单元，从街镇层面统筹，引入同一家物业企业，并将其吸纳进由社区党组织引领的片区组团式治理体系，开展统筹性的物业管理工作，形成"社区党组织+物业+社工+居民"的片区治理主体格局。这一格局，既可保留不同小区的差异化"烟火"诉求，又可推动在社区之下组团形成片区的标准品质治理秩序。

要素二：工作撬点（组织提能）。为有效回应复杂多元的小区院落治理诉求，西南街社区建立起了"街道—社区—小区"三级组织体系，并通过区域化党建链接商家，明确了职责清晰的组织分工，形成了以基层党组织为核心，街道和社区、物业服务企业、社会组织、功能性党组织等共同治理、有序运行的格局。

要素三：工作体系（"社区—片区—小区"的多元共治有机体建设）。西南街社区形成了以"社区—片区—小区"三级党组织为引领，以小区自治为本底的，以社区商业为黏合剂的片区集成"有机体"。具体而言，该社区指导建成院落自管小组89个，并完善相应监管制度，促进了两个维度的商业黏合，一是引入片区物业，二是将治理服务聚焦在商居融合治理，将社区商业纳入治理服务的统筹范畴。

要素四：集成内核（市井场景的"存续式"迭代更新与集成）。西南街社区坚持保留老成都记忆和市井烟火气息，以充分尊重市民需求与能动性为本底，在存续老城区市井生活的每一个细微场景的基础上，通过基础公共服务与设施的迭代更新与集成改善，激活市井老生活适应现代化生活场景的"新生命力"。这不仅对成都老居民更加友好，还吸引了新生代城市居民并开始接纳老生活、融入老生活，令市井场景实现了"存续式"的迭代更新与集成。由此，西南街社区成了"有温度、有故事、最成都、最生活、可复制"的新型老社区。

（二）商业街区社区的组织联动治理

这类社区的试点社区为枣子巷社区。该社区同样为典型的1950—1990年阶段建成的城市社区类型，位于一环路内侧，大院大所聚集，为J区最早建成区，且90%以上的小区是20世纪80年代政府建设的拆迁安置房和职工宿舍。除了兼具西南街社区的典型特征外，枣子巷社区还有如下三个突出特征：①依社区空间布局，分割出三大组织群落。具体而言，以枣子巷为中心，形成三大治理空间群落，分别为南边大单位群落（省委统战部、成都中医院、成都中医药大学、成都市财贸职业高级中学）、中部商家群落、北部老旧院落群落。尽管三大治理群落治理诉求与掌握的治理资源不尽相同，但却都在"发展"上诉求一致：一是片区商业发展好，辖区全体居民才能共享发展所释放的红利；二是片区商业秩序维系好，辖区居民的社会环境才会好，而这依赖于社区拥有良好的治理秩序。②已拥有一定的组织化基础。南边大单位具有高度的组织化程度，中部商业区建有商家联盟组织，北面老旧院落的组织化相对缺乏。③是一种特殊形态的产业型社区。社区商业以中医药产业为核心，商业形态更贴近周边百姓的日常生活，可代表老城区中商业较为集中街区的产业社区形态。

1. 核心任务

枣子巷社区的经验表明，叠加了老城商业街区、大单位组织、老旧院落形态的老城社区，可通过组织互动的方式激活治理资源，不断扩展治理资源的流通渠道与流动效能，在生产与生活、发展与治理上凝聚社区共识，达致彼此成全。为此，围绕激活自治运行的组织互动，社区需聚焦如下四个方面的核心任务。

激活社区治理资源。识别社区中的主体类型，研判其组织化程度，进一步系统梳理社区内各治理主体的诉求与资源，并建立治理诉求与资源的动态识别机制。

形成组织互动机制。根据社区不同主体的治理诉求，社区应当指导促成同类主体的组织化构建组织化体系，如驻区单位间的联席组织、商家联盟组织、院落普遍建立其自组织并形成的院落组织联盟等。组织体系构建完成后，建立组织间的互动机制，包括党组织体系、组织议事机制、资源流通机制、运行保障机制等。

维系资源持续流通。组织互动机制建成后，社区还需一进步建立起治理资源的汇集、研判、分配、反馈等系列确保治理资源的持续生长且自治流动的运行机制。

共谋商业发展秩序。治理秩序达成后，社区治理就能形成对驻区商业秩序的反馈，全面促进商业秩序提质，持续提升区域产业价值，从而令全体居民共享治理、发展释放的红利。

（2）突破路径

分阶段构建"五步走"的组织互动工作路径，也是治理成效的呈现过程，见图4-2。

分阶段 ➡ 聚组织 ➡ 谋议事 ➡ 活资源 ➡ 促发展

图4-2　枣子巷社区"五步走"组织互动工作路径

具体内涵详见表4-4。

表4-4 J区城乡社区发展治理集成改革下商业街区社区的组织联动治

工作阶段	工作目标	核心内容
分阶段	三阶段呈现 治理思路	1. 阶段一：特色街区打造前，识别并形成组织群落，夯实组织互动根基 2. 阶段二：特色街区打造中，各组织利益凸显，矛盾张力体现，组织互动的默契与模式日渐形成，进而促进了治理效能的提升； 3. 阶段三：特色街区打造后，组织互动模式延续，体现为治理资源的组织间互换机制
聚组织	建多元主体 组织群落	1. 大型单位群：驻区省委统战部、成都中医药大学、中医附院、成都财贸职高 2. 坐贾行商群：枣子巷美食商居联盟等 3. 原住居民群：院落议事会、院落家委会
谋议事	建三级组织 议事机制	1. 社区级：区域化联席会、四级网格体系 2. 组织群：依靠组织群落形成枣子巷美食商居联盟议事会、枣爸早茶幸福长廊、枣翁老党员工作室、枣民信箱、"枣妈说事"调解队等 3. 院落级：常态化院落坝坝会、集体座谈、个别交流等
活资源	建组织资源 流通机制	1. "需求-资源"动态收集响应机制 2. 三级组织议事决议机制 3. 治理资源的发掘、激活、整合、分配机制 4. 组织互助机制达成
促发展	以治理提效 促发展提质	治理秩序促进发展提质：街道"一体化"改造、中医药文化主题营造、社区商业提升、老旧院落改造、社区党群服务中心提档升级等系统性的城市社区有机更新工作

3. 关键集成要素

枣子巷社区所在街道在"一核引领、双线融合、三治联动"的标准化社区集成改革体系基础上，从空间集成、组织集成、组织群互助共治、建立"商-治"互促机制四个维度，创新探索了老城区产业型社区的组织联动治理新机制。其核心围绕老城区的商居构成社区，通过组织群的共建共治集成和组织间互动，实现老城区的组织群落共治互促、相互成全的组织互助集成。为此，其包含了四大集成要素。

要素一：空间分类集成。该社区通过政府资源注入，以打造枣子巷特色街区为契机，明确了三大空间治理群的空间单元边界；凸显集成了老城区内，大型单位群、坐贾行商群、原住居民群三个治理群落；并通过"需求-资源"治理技术，系统梳理三大组织群的需求与资源，形成了枣子巷空间治理群落的"需求-资源"图，做到了挂图作战。

要素二：组织群的体系化集成。以"需求-资源"的组织间互补互助为起点，以区域化党建为载体，社区通过"建组织"不断强化组织群内的组织体系建设；通过"建体系"，形成了以社区党组织为统筹协调平台，组织群间依"需求-资源"互动"社区—组织群—小区—商家"四类组织体系；充分激活党组织资源、硬件资源、人力资源、文化资源与经济资源，推动"生产+生活+生态"场景改善。

要素三：组织群共治互助机制。该社区形成了组织群议事机制（社区党组织+区域化党委+大单位党组织+商业联盟组织+小区家委会+小区议事会）、社区资源互换互助机制、社区资源挖掘与动员机制等组织群共治互助机制。

要素四："商-治"互促机制。从整体上，社区形成了组织群共同生产，投资投劳、助力片区增值，不断生产治理资源的"商-治"互促机制。

三、1990—2010 年：最早城镇化社区，"三治联动"集成

这类社区的试点社区为九里堤北路社区。该社区为典型的 1990—2010 年阶段建成的城市社区类型，具有如下典型特征：①城镇化早期兴起，主要由商品化小区组成。社区中的各个院落主要形成于 2000 年前后，为我国城镇化早期建设并形成的社区形态。九里堤北路社区下辖 30 个小区院落，其中 15 个为非物管院落，15 个为物管院落，小区院落之间具有较强的同质性，但相对于近年来建成的新商品房小区，其往往要素不健全，更多为"半商品化小区"。②新的治理问题不断涌现，该类型长期被忽略。因九里堤北路社区的社区形态主要形成于 2000 年前后，距今已 20 年左右，因此新的治理问题不断涌现高发，商品房小区的年代性治理问题正在不断暴露出来，所以特别值得关注。但这类社区中的小区因属性与新的商品房小区相同，在治理领域长期被忽略，得不到应有的重视。③对公共事务的自决处置能力，是该类社区治理的核心诉求。因不断暴露的年代性治理问题往往涉及小区内部的公共事务，因此特别需要建立起居民对公共事务的自决处置能力。

1. 核心任务

九里堤北路社区的经验表明，在 1990—2010 年，即城市快速城镇化初期建成的社区，小区形态普遍具有半商品化特征。尽管因早期商品房小区

建设不尽规范，其治理问题在今天不断暴露，新发难题高频发生、难于预料，但终有两大共性：一是问题往往发生在老商品房小区，可将问题限定在小区治理范围内；二是问题的解决高度依赖小区内居民对公共事务的自决能力，街道与社区的直接干预，往往适得其反，形成居民对街道与社区的依赖。为了普遍形成小区对公共事务的自决能力，应当聚焦如下三个核心任务。

明晰"街道—社区—小区"三级责权。小区越是公共事务频发、突发，越需要居民拥有对小区公共事务的自决能力，也就越需要明晰"街道—社区—小区"三级责权边界，以避免小区居民因街、社两级过度干预而出现"等、靠、要"心理，导致建立的基层治理体系失效。

探寻小区自治达成的关键要素。探寻在半商品化社区中，小区自治的关键撬动因素，并以这一撬动因素，串联自治治理机制。

"三治联动"促小区自决能力的形成。充分发挥自治、德治、法治的联动功能，以"三治联动"助力小区自决能力形成。

2. 突破路径

构建"三步骤"的组织互动工作路径，见图4-3。

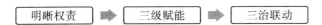

图4-3 九里堤北路社区"三步骤"组织互动工作路径示意图

具体内涵详见表4-5。

表4-5 J区城乡社区发展治理集成改革下半商品房社区三治联动治理

工作阶段	工作目标	核心内容
明晰权责	厘清"街道—社区—小区"三级治理责权	1. 构建"街道党组织+社区党组织+小区党组织"三级组织架构； 2. 构建"党的组织覆盖+党的工作覆盖+党的活动覆盖"三个覆盖体系； 3. 构建"小区党组织+业主委员会+物业服务企业"三方联动格局
三级赋能	"赋予街道—社区—小区"三级治理权能	1. 系统探索"有物业-无物业"小区分类治理模式； 2. 深度探索"小区议事会"的治理权能撬动机制； 3. 开展"韧性社区"建设，建立办民生实事工作机制，探索发展集体经济等

表4-5(续)

工作阶段	工作目标	核心内容
三治联动	促进"自治—德治—法治"三治有机联动	1. "党组织驱动、自治组织带动、服务项目拉动"的自治模式; 2. 德治工作的基层整合落实模式; 3. "和为贵"调解组织;加强群众工作之家的建设,建立群众信访代理员制度,完善多元调处化解综合机制

3. 关键集成要素

针对上述特征,九里堤北路社区所在街道在"一核引领、双线融合、三治联动"的标准化社区集成改革体系基础上,核心聚焦半商品房特征小区集中的社区,公共事务自决能力的创新治理机制。包含了三大集成要素。

要素一:"街道—社区—小区"责权归位。①激活了小区居民的主体意识,理顺小区内部主体关系(物业、业委会、居民,或业委会与居民等);②理顺街道、社区与小区的权责关系,特别在一些正在出现的问题上,如电梯、维修基金、集体经济等方面,明晰责权、相互赋权。

要素二:居民议事会作为自治"中介"机制。社区党组织、居委会为了有效激活各类小区自治,在居民与小区业委会之间,引入"议事会机制",以党组织和居委会牵头,成立推进小区议事会建设工作领导机构,制定关于推进小区议事会建设的工作方案,制定小区议事会成员代表民主推选产生办法和小区议事会建设工作宣传方案,激励居民参与小区自治事务,实现还权于民,有效推进民主治居,形成以社区营造的方式实施在各小区建立居民议事会的方法案例。

要素三:"物业-非物业"小区分类施策机制。在社区的 15 个非物管院落和 15 个物管院落中,用小区议事会案例分类施策,把小区管理的权利交给居民,实现小区事务小区自管,民主协商决定小区事务,小区矛盾纠纷自我化解,让居民自我教育、自我监督、自我管理、自我净化、自我提升,实现还权于民,探索出了党建引领下居民自治和物权治理双线并举的院落治理模式。

四、2010—2020 年：现代及未来社区，"现代全要素"集成

这类社区的试点社区为新桥社区。该社区为典型的 2010—2020 年阶段建成的城市社区类型，具有如下典型特征：①典型的现代化高品质社区形态。尽管其所在街道处在城乡接合处，但因城镇化进程中，城镇建成区周边的农村，会朝向城市形态演化，所以就街道的产业发展格局研判，其未来将是不可逆的公园智慧城市形态。这表现为辖区内商品房小区较为高端，群众对高品质公共服务的诉求较为强烈。②社区拥有极佳的生态与文化资源禀赋。新桥社区位于成都北大门沙河源头地带，有府河流经，面积约 1.62 平方千米，常住人口 3 万余人，拥有丰富的自然资源、文化资源和艺术资源，是文化和旅游命名的"全国民间摄影艺术之乡"。

1. 核心任务

新桥社区的经验表明，现代及未来社区的治理模式，当在党建引领下，在机制层面寻求三个方面的突破。

社区标准化：提供高标准的治理服务。提供高标准的治理服务，以充分体现公园社区、智慧社区等现代化、未来化社区形态高品质内涵的各项要素，集成打造高标准、高服务的社区层治理服务体系，包括软件方面的机制建设与公共服务供给，以及硬件方面的高品质基层阵地、生态空间、公共空间的高水平打造等。

小区差异化：满足差异化的治理诉求。满足差异化的治理诉求以充分体现未来社区对小区居民多元性诉求的精细化响应，强调小区场景对生活人群的适配性、小区服务对现实诉求的匹配度，特别强调不同小区差异化的治理元素组合。

构建连接"链"：建立"社区—小区"的治理链条。建立起"红线外"高品质社区公共服务，与"红线内"差异化小区治理元素之间的机制性链条，以建成"社区标准化""小区差异化"密切连接的有机体。

（2）突破路径

构建"三步走"的现代社区治理打造路径，见图 4-4。

具体内涵，详见表 4-6。

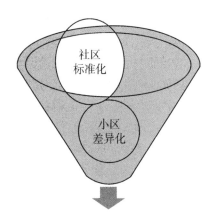

图 4-4 新桥社区"三步走"现代社区治理路径示意图

表 4-6 J区城乡社区发展治理集成改革下现代社区全要素集成治理

工作阶段	工作目标	核心内容
社区层	标准化、高端化、智慧化公共服务	1. 建组织建阵地：形成"街道党工委+社区党委+小区党支部"三级组织架构；形成"社区空间-小区议事空间-小区活动空间"三级阵地； 2. 营场景立智能：公园社区，河湖整治、公园建设、环境营造；智慧社区，"大联动、微治理"综合管理服务平台； 3. 强产业兴文化：引入摄影文创的龙头企业，形成摄影文创特色街区，擦亮"全国民间摄影艺术之乡"金字招牌
小区层	差异化、本土化、多元化精细服务	1. 听诉求：事务协调会、民情恳谈会、民主评议会、工作听证会"四会"进小区； 2. 建空间：商品房小区建立党群服务站，安置小区建立多彩议事长廊、邻里汇等不同形式阵地； 3. 项目制：通过项目制供给差异化、精细化服务
建立链条	党建引领，构建"社区标准化"与"小区差异化"之链条	形成"社区—小区"五大链条：党建链、空间链、文体链、自治链、服务链

3. 集成要素

新桥社区所在街道在"一核引领、双线融合、三治联动"的标准化社区集成改革体系基础上，创新探索了针对未来公园智慧社区的创新全要素集成治理模式，以体现针对未来公园智慧社区的现代场景元素与高品质公共服务的高度集成。为此，其包含了三大集成要素与一个链接机制。

要素一：资源集成。社区聚焦公共区域，提供现代化、标准化、高端化、智慧化的公共服务，充分体现公园城市与社区治理之间的互通融合。通过公园、文化、空间、智慧等全要素集成，实现社区公共区域的公共服务高端化与均等化供给，实现标准化的公园社区建设，实现平衡与补齐辖区内小区治理场景的差异化。

要素二：空间集成。社区集成打造了三级公共空间，分别为：社区公共空间（社区党群服务中心）、小区邻里中心，以及商业化的摄影展览馆，这兼顾了社区公共空间的标准化、智慧化与高端化，和小区公共空间的差异化、本土化与能动性，形成了空间功能的集成性互补。

要素三：文化集成。社区集成了摄影家协会、老年协会，并充分挖掘各小区中的新乡贤能人，形成"协会+乡贤"的文化集成。目前，新桥社区已建成总面积1 200平方米的社区党群服务中心、面积近3万平方米的摄影文创特色街区、总面积约7 500平方米的成都当代影像馆、占地117亩（含绿道1.5千米）的府河摄影公园，以及以熊猫驿站为中心，由幼儿园、超市、运动场等组成的"15分钟社区生活服务圈"。

要素四："社区—小区"五链工作法。社区着眼明确区分小区内外差异化工作目标，小区内做足以居民差异化服务诉求为导向的治理工作，小区外做足高端标准化公共服务的补齐与供给工作，形成了"社区—小区"治理功能互补的"五链"工作法，分别为：党组织链接、公共空间链接、体育文化链接、自组织链接、服务供给链接。

五、1949—2020年：全周期型社区，"融合机制"集成

这类社区的试点社区为曹家巷社区。该社区为典型的1949—2020年全治理周期的城市形态社区类型，具有如下典型特征：①聚合了城市进阶不同阶段的社区形态。这类社区，在城市特定发展阶段中，往往是城市主城区核心区，集合了不同时代特征的社区类型，其阶层分化明显，社会矛盾频发。这在超大城市进程中常常可见，纽约曼哈顿、东京、巴黎、孟买都有类似形态。曹家巷社区既有始于1953年修建的"工人宿舍群"，也有集中拆建安置的城市工人安置小区，还有业已建成的高端商品房小区，社区建成形态涉及治理的全生命周期，矛盾多元交织、复杂多变。②社区拥有较好的群众工作基础。自2012年"北改"工作以来，J区相关部门就提出

了自治改造，即由居民成立自改委员会，运用"群众说服群众"的工作方法，成功实施了改造，形成了被人们熟知的"曹家巷工作法"，奠定了曹家巷社区良好群众工作基础。

1. 核心任务

曹家巷社区的经验表明，全生命周期社区中，不同城市进阶阶段所面临的社区发展治理问题可能集中显现，从而增加治理难度。生活在不同"阶段中"的群体，除治理诉求不同外，群体间的融合共治更为重要。为了形成全治理周期的融合机制，社区当聚焦如下三个方面的核心任务。

小区治理权能达致高水平一致。不论是现代化高档楼盘、集中安置小区，还是老旧院落，辖区内的小区治理均要达到高水平均衡。也即，尽管小区类型不同、服务诉求不同、治理模式不同，但小区普遍在治理领域获得较高水平的治理权与治理能力。

社区公共服务全人群覆盖。社区的公共空间建设、公共服务供给、精细项目发包，均向全人群覆盖。

社区内在运行机制具有"韧性"。社区内在的治理机制具有较强的韧性，能够帮助社区内部不同类型群体，甚至阶层群体实现韧性融合。如曹家巷社区的群众工作法与"三事三分流"自治机制。

2. 突破路径

构建三个步骤的全治理周期融合创新治理路径，见图4-5。

图4-5　曹家巷社区全周期治理路径示意图

具体内涵，详见表4-7。

表 4-7　J区城乡社区发展治理集成改革下全治理周期社区融合创新治理

工作阶段	工作目标	核心内容
集成+统筹	以"集成"夯实小区高水平治理基底	1. 主体集成：区域化党建组织联动，党建联席会，党建联盟； 2. 业务集成：将社区服务统一梳理归纳为查询类、证明类、办理类、缴费类等，形成四个清单，简化办事流程； 3. 工作流程集成："互联网智能集成系统"
分类+分流	以机制集成实现高质量分类治理	如"群众说服群众"的曹家巷工作法与"三事分流"的居民自治机制
多元+共治	以"集民智、集民力、集民心"充分关照多元性	1. 社区联席会、兴趣沙龙、小区坝坝会、楼宇纳凉会等； 2. "多元+提案+协商+公约"民主提案、民主议事和民主决事

3. 关键集成要素

曹家巷社区所在街道在"一核引领、双线融合、三治联动"的标准化社区集成改革体系基础上，探索了针对全治理周期型社区，保证秩序化的示范模式。即一切治理工作围绕有利于消弭阶层边界，促进不同群体间公平、共生、共治、共赢秩序的达成。为此，其包含了三大集成要素。

要素一：治理硬件（全人群集成）。为了令公共空间的供给覆盖所有人群，曹家巷社区引入"地瓜社区"，以"社区美空间"为载体，通过"社区美空间"的功能分区和服务分段方式，吸引辖区不同年龄、不同文化、不同层次的居民聚集于此参与活动，做到了服务向全人群供给，从而实现城市新老建筑中人的流动聚集形成多空间的集成，显示了空间服务供给的集成化效应。

要素二：治理机制（累积式集成）。从曹家巷"群众工作法"到"三事分流"自治机制，曹家巷群众工作的累积治理效应在治理层面不断显现，呈现出集成效应，也构建出一次城市发展过程的"机制生长"和制度集成的时间轴线。

要素三：治理要素（融合式集成）。通过系列举措，治理要素的融合式、包容式、弥合式集成得以实现。所有的治理硬件与软件建设，都有利于群体融合与自治机制形成。如：在"深层次认同"上，建立辖区居民精神归属感和文化认同感的集成；在"全方位安全"上，建立保障辖区居民生活和工作安全感的集成；在"可持续活力"上，建立激发"社区商业"

和"社区小经济"可持续活力的集成。与此同时，辖区居民与商家既是受益对象，也是服务参与者，从某种意义上说本次集成改革也是一次"集民力、集民智、集民心"的社区发展治理行动。

六、城镇化进阶：变迁中的社区，"硬核要素"集成

这类社区的试点社区为万石社区。该社区为典型的城镇化进程中，经社区形态动荡调整而形成的城市社区类型。具有如下典型特征：①社区组织"打破重组"。万石社区为万圣社区、石门社区（均为涉农社区）合并而成，面积3.34平方千米，新社区成立后按城市社区模式开展社区发展治理工作，社区辖区内虽有中铁轨道交通产业园、西部地理信息产业园、保利公园、中南海棠集等商业楼盘，是天回镇居民最为集中的片区，但其核心地区为五个涉农社区集中安置的小区（万圣家园安置小区）。②社区形态处于一种城市形态向另一种城市形态转化过渡时期，也是基层社会结构打破重组过程期，矛盾集中爆发、利益关系复杂，多半是产业功能区的周边社区形态，因此，该社区更该做的是"硬核"治理。

1. 核心任务

万石社区的经验表明，基层社会重构调整期的社区，其发展治理的核心在社区治理体系快速重建，以令治理秩序快速达成，因此当聚焦两个方面：

重构社区治理体系。一是重构组织管理体系。重构"街道—社区—小区"三级管理架构，体现强整合、强组织力、强动员力的体制整合优势。二是快速重构群众归属感。社区当采取系列举措，快速重构群众的归属感，形成群众认同社区新秩序并遵守的良性格局。

两个核心手段。一是"打破重组"，包括组织重建、权力重赋、能力重建、治理单元重建、治理资源重配、治理核心重构等；二是强化"自上而下"的硬核治理，强调强力构建秩序，以及基层有序的服务供给与活力激发。

2. 突破路径

构建三个步骤的直过社区治理体系创新重构路径，见图4-6。

具体内涵，详见表4-8。

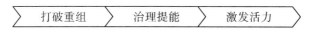

打破重组 〉 治理提能 〉 激发活力 〉

图 4-6 万石社区重组社区治理体系重构路径示意图

表 4-8 J 区城乡社区发展治理集成改革下变迁社区的创新治理路径一览表

工作阶段	工作目标	核心内容
打破重组	党建引领，重组治理体系	重构五大治理机制： 1. 成立片区综合党委，对五个涉及社区进行组织整合； 2. 成立院落党组织、院委会、自组织； 3. 健全万圣家园治理委员会工作机制； 4. 建立社区认领院落治理工作体制； 5. 改进社治资金统筹使用办法
治理提能	党建引领，分组织治理提能	1. 优化片区网格：形成"居民骨干—单元长—楼栋长—专兼职网格员—院委会（物业）—社区"的工作网络； 2. 自治组织提能：院落院委会、院落自组织、议事会，完善居民自治组织建设、制度建设； 3. 平安治理提能：筹建万圣家园综合治理执法工作站
激发活力	党建引领，多举措激发活力	1. 整合资源，打造自治组织活动阵地； 2. 打造"法治进小区"示范点； 3. 社区负责认领院落，治理有效五花齐放

3. 核心集成要素

万石社区所在街道探索了城镇化进程中因类似遗留问题所形成社区形态的治理示范。着眼社会形态调整过渡，对一种非典型但多见的集中安置型产业社区治理模式进行了反思性探索，包含了三大集成要素。

要素一：体系集成重构。街道切实强化党建引领作用，成立了片区综合党委，成立了院落党组织、院委会、自组织，健全万圣家园治理委员会工作机制、社区认领院落治理工作机制等治理体系，改进社治资金统筹使用办法，进一步优化片区网格设置，筹建万圣家园综合治理执法工作站，根据居民需求，"量体裁衣"式做好资金项目设置，不断提升软硬件条件。

要素二：组织集成重构。在区域化党委引领的基础上，街道建起了区域化管理组织、社会组织、院落组织、自治组织相结合的组织体系，实现院落党组织与院委会交叉任职，完善党组织主导、治理委员会指导、院委会组织实施的物业协调、考评机制，并配合系列的赋权增能机制，如人力培训、管理机制、资源分配、权力赋予等。

要素三：服务集成重构。一切围绕快速实化百姓"归属感"开展工作，推动办事便捷化、服务进院落，使全街道树立起"吾心安处是故乡"的治理理念，促进居民在快速变迁中实现快速融合与快速"心安"。

第三节　经验启示：J区县域治理的四个"集成"

承上所述，三年以来，J区始终立足于探寻县域在城乡社区发展治理体系中的结构性位置，瞄准县域在治理体系中的"归位"并将其作为城乡社区发展治理的核心目标，将"集成化"改革作为县域治理的核心工具，不断探寻县域在城乡基层的"秩序与活力""发展与治理""体制与机制""组织与群众""集成与创新"中的接点功能与动态平衡规律。明了了四大目标，通过"创造性承续"坚定贯彻中央、省、市发展治理之核心关切，通过"创造性链接"增进党委政府与基层社会的"韧性互见"，通过"创造性激活"充分激发基层百姓的能动参与和创新突破，形成符合本土实践的创新机制，通过"创造性整合"令多元主体的"共建共治共享"有机平衡。这积累了县域治理模式的有益经验，形成了如下四点启示。

一、集成改革：核心工具

县域治理，当具备宏观、中观、微观三个层面的创造性能力。不论从宏观维度整体谋划布局，中观维度形成创造自觉，还是微观维度做到润入基层，"集成"推动都是有效的路径。

为何县域要选择"集成"推动？这主要基于三个方面的考量：一是"集成"推动更能夯实县域城乡社区发展治理之网底根基。J区的经验表明，县域城乡社区发展治理的网底夯实，至少需要经历"逐层夯基，条块功能归位""建立体系，筑牢四梁八柱""创新突破，形成系列机制"三个标准化集成推动阶段，这三个阶段的集成化、标准化推动，为后期创新突破夯实了底部基础。二是"集成"推动更能准确把握县域城乡社区发展治理之战略方向。J区的经验表明，即便寻求点位创新突破，也需要县域总体谋划、集成布局。J区以超大城市的进阶建成阶段为时间轴，构建起社区发展治理的全生命周期，便是发挥县域总体布局，掌舵城乡社区发展治理的县域战略方向之现实考量。三是"集成"推动能最大激活县域城乡社区发展之创新活力。J区的经验表明，社会活力与治理创新不会凭空而生，需要稳步推进、逐步营造，即所谓"无用之用"。J区根据城市进阶的全治理生命周期而创建的六类社区治理模式，展示出来自街道、社区、群众充分的创造性自觉，与差异性的创造性突破，都是以"集成"推动作为基础的。

二、集成模式：城市演进全周期布局

县域治理，在时空上可从聚焦城市演进"全生命周期"来统筹布局，以从全域整体谋篇布局，探索城乡社区发展治理的不同模式。

为何选择"全生命周期"？这主要基于如下三个方面考量：一是可充分体现县域治理之"整体观"。区县以下为基层，县域是基层党政力量最为齐备的治理层级，县域治理坚持"全域一体"的意识，方能承担承接市域治理制度体系下沉基层，形成一套符合本地区情的标准化、规范化、操作化的治理体系，构建起县域社区发展治理体系的"四梁八柱"的重任。选择城市进阶的全生命周期为分类治理的破题维度，既能形成"相对互斥"的社区分类，又能凸显不同类别社区的显著特征，便于探寻治理模式创新。二是可充分体现县域治理之"时空观"。如今，成都市城乡社区发展治理在某种意义上已走入实践探索的"无人区"，已有的发展理论与实践经验充分表明，欲深度破解"无人区"的"探索性"实践问题，需要操盘手拥有同时具备"历史观"与"空间观"的格局观。J区实践表明，不论是处在不同的城市历史进阶阶段，还是处在不同的城市功能分布空间，社区发展治理的问题均明显不同，破解问题的方式方法也不尽相同。选择城市进阶的全生命周期为分类治理的破题维度，既能关照城市空间功能的治理诉求，又能关照城市进阶阶段的时代难题，便于探寻治理模式创新。三是可充分体现县域治理之"人本观"。成都市城乡社区发展治理秉承"城市的核心是人"这一价值取向，将满足人的发展、人的需求和人的感受为逻辑起点，以践行初心使命。J区实践表明，将社区嵌入进城市进阶"生命周期"的各个阶段，更能精准聚焦不同治理"生命周期"类型下社区发展治理所面临的不同困局，从而精准定位群众诉求，以人为本地统筹谋划差异化、类型化的破解模式。

三、集成动能：治理策略分步骤推进

县域治理，在治理策略上分阶段、分步骤推进，可令社区发展治理的动能不断生产与汇聚。J区实践共形成了四个阶段的县域城乡社区发展治理策略，分别为：首要阶段、并行阶段、进阶阶段、推广阶段。

笔者将其分成四个阶段主要是基于如下两个方面的考量：一是表明县域城乡社区发展治理当遵循分阶段的科学发展规律。J区实践表明，这一规律先后包括"夯实根基、建立体系、创新探索、谨慎推广"四个阶段。首要阶段，主要是夯实县域城乡社区发展治理之底部根基；并行阶段，主要是建立县域城乡社区发展治理制度体系；进阶阶段，主要是在社区发展治理分类模式上开展广泛的创新探索；推广阶段，主要是在全域城乡社区中，将探索出的分类治理模式，进行集成推动与"创造性"推广落地。二是表明县域城乡社区发展治理在不同发展阶段需要聚合不同的发展势能。J区实践表明，在首要阶段与并行阶段，主要是汇聚城乡社区发展治理厚积薄发的基础性势能；在进阶阶段，主要是汇聚城乡社区发展治理"全生命周期"的创新势能；在推广阶段，主要是汇聚城乡社区发展治理"全生命周期"分类治理模式集成推动中的创造性推广落地势能。

四、集成路径：治理方式双轨制并行

县域治理，在治理方式上选择"集成"与"创新"双轨并行的集成改革路径，更符合城乡社区发展治理体系中县域的结构性位阶与赋予县域的结构性功能。

为何要明确"集成"与"创新"两条轨道？这主要基于如下三个方面考量：一是更有利于县域"创造性"治理之五大布局落地落实。J区实践表明，县域的"创造性"治理需要做到五大布局，分别为："党组织"提能、"全时空"统筹、"集成化"推进、"分类别"突破、"立体式"营造。而这五大布局，每一项都需要做到"县域"统筹与"基层域"创新相互呼应，彼此成就。二是更有利于县域"创造性"治理之接点功能落地落实。J区实践表明，县域的接点位置，要求县域的治理路径具有足够的位阶适配度，而接点的位置常常要求兼具刚性与弹性，集成与创新并行，恰可保证县域治理"接点"的功能灵活地落地落实。三是更有利于县域治理之模式底核伸缩能动。J区实践表明，县域治理正是因为处在"接点"位置上，因此当兼具标准性与能动性，当寻求"一体"与"多元"、"标准"与"能动"的平衡统一，当具有既能实现刚性约束统筹又有保有能动活力空间的县域治理"伸缩性"，而"集成"与"创新"并行，可确保这种伸缩性保持新鲜活力。

第五章 "连结共治"：县域中的街镇治理探索

党的十九大以来，习近平总书记有关社会治理的论述与系列指示精神，指明"基层治理"是夯实国家治理体系现代化的基础。其中，街镇更因同时处在"行政体系末端"与"直面基层社会治理的顶端"位置，一端承接各级行政管理传递下来的各项指令，一端直面满足广大基层群众对美好生活的向往，在基层治理中所处的"结构性位置"十分特殊，是基层治理能否实现高效能的关键环节，因此厘清街镇治理的职能职责，对于探索街镇治理机制意义重大。

第一节 县域治理中的街镇"位置"

街镇应当建立形成一套符合街镇治理规律的治理逻辑与治理思路，才是对党中央有关基层治理关切的切实落实。首先需要明确街镇在基层治理体系特别是县域治理中的"结构性位置"。

一、探索街镇治理机制，是贯彻党中央对基层治理关切的落地举措

党的十九届四中全会提出，"推动社会治理和服务重心向基层下移，把更多资源下沉到基层，更好提供精准化、精细化服务"。会后，习近平总书记在上海调研考察期间明确指出，"要推动城市治理的重心和配套资源向街道和社区下沉，聚焦基层党建、城市管理、社区治理和公共服务等

主责主业，整合审批、服务、执法等方面力量，面向区域内群众开展服务"①。在社会治理重心下移的大背景下，如何在街镇"可为"的空间内，通过理顺多元治理主体的权责关系，一方面有效贯彻多层多级下达的治理指令，另一方面有效撬动和激发基层社会治理活力，从而实现国家对广大社会的再组织、再凝聚，夯实基层政权，转变社会"原子化"，实现十九届四中全会提出的"政府治理和社会调节、居民自治良性互动，夯实基层社会治理基础"的目标，是特别需要在街镇层面系统破题的。

二、探索街镇治理机制，是在省、市社会治理创新举措下的街镇探索

近年来四川省成都市在全国率先破题，创新探索城乡社区发展治理机制，形成了城乡社区发展治理的成都经验，得到从中央到地方、体制内到民间社会的一致肯定，形成了一整套市、区（县）两级到基层社区的体系完善的城乡社区发展治理机制。街道（乡镇）是国家行政体系的基层（末端）单位。在街镇层级，在多元多样社区中开展分类治理、精细治理后，能有效实现对各类社区的再组织及有效动员。

三、探索街镇治理机制，是基层发展活力与治理秩序动态平衡的应有之义

探索街镇治理机制，是基层治理中发展与治理一体推进的题中之义。将发展活力与治理秩序动态平衡地统一推进，既是贯彻"以人民为中心"发展理念时的核心要义，也是确保基层治理有效推进的关键法宝。X 街道的经验表明，街镇是避免发展与治理"两张皮"现实困境的重要阵地，因而特别需要作出系统谋局。

如何树牢"城市的核心是人"这一价值取向，同时满足人的发展诉求与人民群众对美好生活的向往，发展与治理一体推动是重要的路径方法。大量实践经验表明，发展与治理一体推动，关键的落地场域在街镇。街镇应当重视在全域探索中形成一整套系统的试图串联发展与治理的街镇机制，深度聚焦街镇层面的社区发展与治理融合发展的破题点，不仅思考与探索街镇层面在发展与治理领域的独特"位阶"，梳理街镇面临的治理问题，还要深度探索一套承上启下的街镇基层发展治理"统承"机制。"统"

---

① 《深入学习贯彻党的十九届四中全会精神提高社会主义现代化国际大都市治理能力和水平》，《新华每日电讯》2019 年 11 月 4 日。

意在统合、串联各类社区发展治理资源，"承"意在对市区两级城乡社区发展治理机制承上启下的响应，这既是对市域层面治理机制的有益补充，也是站在街镇层面破题基层融合发展与治理的重要机制。

四、探索街镇治理机制，是政、企、社多元参与治理以及在基层实现有序化的核心抓手

探索街镇治理机制，将有利于基层政、企、社三方多元参与治理的有序化推动。政、企、社三方的多元有序参与治理，是基层治理的重要目标，包括鼓励三方主体参与到基层治理和三方主体有序参与到基层治理两个环节，而这两个环节要发挥作用，街镇都是最为适合的主体。

长期以来，虽然推动多元参与治理被中央确定为基层治理的重要目标，但治理权力、治理资源、治理指令主要集中于行政体制以内，且通过自上而下传递，却是普遍的基层现实。在基层的大部分地区，市场力量与社会力量在城乡社区发展治理中的参与度明显不足。如何令政、企、社三方主体，不仅积极参与基层治理，精准定位出各自基层治理的参与领域，有动力、有行动、有能力地积极参与，还令政、企、社三方在基层治理工作领域各自"归位"，有秩序、有效率、相融合地良性互动十分关键。作为直面社会治理的基层单元和最末端的基层政府（或者区政府的派出机关），街镇是直面辖区内政府、企业、社会的党政力量，促进多元治理主体有序化地参与基层治理的最适合的主体。可以这么说，在基层，多元主体是否有序、有效地参与到基层治理中，街道统筹十分关键。而街道如何统筹？这需要一套能同时激活多元参与治理的街镇治理体系与治理策略。

第二节　连结共治："街镇治理"机制

就组织基础而言，X 街道在 2020 年 6 月村（社区）体制机制改革后，辖 30 个村（社区），其中包含 14 个行政村、16 个城市社区、8 个涉农社区。辖区共有 26 万人，其中户籍人口 143 342 人。街道党工委现有基层党组织 74 个，党员 3 863 人。其中，村（社区）党委 11 个、党总支部 22 个、党支部 9 个、机关党支部 1 个、退干党支部 1 个以及"两新"党支部 30 个。就资源禀赋而言，街道区位交通"比较"优势显著。随着区委

"一心四区"发展目标的确立以及"中优""北改"战略的进一步深入推进，X 街道迎来了发展机遇叠加的窗口期，成绵乐城际铁路穿境而过，蓉都大道、成绵高速、成（金）青快速通道纵贯南北，香城大道横贯东西，为 X 街道发展奠定了明显的"比较优势"。X 街道自然生态资源突出，毗河穿境而过，泥巴沱森林公园和规划中的白鹭湾生态湿地公园沿河而建，木兰山、乌龟山特有的坝区浅丘地貌、植被覆盖以及白家林盘、长林盘特有的蜀风雅韵川西林盘生态资源，共同构筑起 X 区"后花园"。

一、街镇的"连结共治"

"连结共治"，是从县域治理的立场出发，基于 X 街道的实践经验，立足街道在基层治理体系中所处的位置，从所需解决的现实问题的角度作出的概括。"连结"共治，是同县域统合治理相区分的街镇治理概念。与县域治理具有较强权、责、指令及资源的统合与整合能力相区别，街镇处在相对弱势的低治理权层级，可通过做实"核"、做实"统"、做强"链"、激发"活"等举措，在县域统合治理之下，实现街镇的治理目标。

二、X 街道"连结共治"的关键词

（一）关键词一："核"

"核"的意思是"核心"。那么究竟从哪个意义上讲，街镇在城乡社区发展治理中的位置是"核心"呢？街镇处在我国行政体系中最接近"社会"的一端。乡镇是最后一级政府组织，而街道是区政府的派出机构。满足人民群众对美好生活的向往、国家对基层社会实现组织化、巩固基层政权等均为城乡基层治理的核心内容。而不论是国家组织社会，将人民群众团结起来；还是通过带领群众谋发展，满足人民群众对美好生活的向往，街镇都是代表党委政府、代表国家，直面社会、服务群众，直接构建基层秩序与激发百姓发展与治理活力的主体。这就要求，街镇在城乡社区发展治理中，至少在如下五个维度上成为"核心"。

1. 党建核心

随着城市管理体制改革的深化和城市管理重心的下移，街道在城市管理服务、凝聚居民群众、化解社会矛盾、构建和谐社区、推动经济社会发展中扮演的角色越来越重要。所谓"党建核心"，首要加强街道党组织建设，紧紧抓住并充分发挥街道党组织领导核心作用，持续推动治理重心向基层下移、治理力量向基层下沉、治理资源向基层下放。强化街道党组织在城市基层党建中联结辖区内各领域党组织的"轴心"作用。街道党组织只有坚强有力，才能有效发挥统筹协调作用。核心内容是要强化街道党组织引导街道社区党组织聚焦主责主业的作用，将"转职能"作为实现街道党组织聚焦主责主业的根本之策。

通过党建核心，对街道办事处的工作形成一定的约束与保障，促进街道党工委坚定不移地转变职能，突出街道（乡镇）统筹社区发展、组织公共服务、实施综合管理、优化营商环境、维护社会平安的主体责任，剥离街道招商引资的经济工作职能。通过进一步明确细化街道党组织的职能定位，强化履行基层党建、组织公共服务、指导社区自治等职能，推动街道党组织把工作重心转移到抓党建、抓治理、抓服务上。

2. 权能核心

从街道办事处的发展沿革来看，其同乡镇职能职责不论是从最初确定时的定位还是发展历程中的演化，均具有较为明显的差别。但在现实工作中，受"条块"体制的影响，街道办事处与乡镇的职能职责往往混合交织、模糊不清。因此，本书试图对街道办事处与乡镇的职能职责进行再次比较与厘清，以阐述街道办事处在城乡基层治理工作中的权能边界。

一是"街道办事处"。根据 2004 年 10 月 27 日第十届全国人民代表大会常务委员会第十二次会议修正的《中华人民共和国地方各级人民代表大会和地方各级人民政府组织法》第六十八条规定：市辖区、不设区的市人民政府，经上一级人民政府批准，可以设立若干个街道，管理机构为街道办事处，作为市辖区、不设区的市的派出机关。街道办事处下辖若干社区居民委员会，或极少数的行政村。由此可知，街道办事处是市辖区人民政府或不设区的市人民政府的派出机关，受市辖区人民政府或不设区的市人民政府领导，行使市辖区或不设区的市人民政府赋予的职权。因此，街道并不是国家法律规定的一级行政区划，不是一级政权机关。城市街道办事处的行政地位属于乡级行政区，对应农村和牧区的乡、民族乡、镇、苏木、民族苏木的人民政府以及县辖区的区公所，其主要面向的是城市型社会。

二是"乡镇"。根据 2015 年 8 月 29 日第十二届全国人民代表大会常务委员会第十六次会议修正的《中华人民共和国地方各级人民代表大会和地方各级人民政府组织法》规定，乡镇是我国最基层的行政机构。乡镇主要面向农村型社会，其"一头连着城市，一头连着农村"，在农村乃至整个国家经济社会发展中发挥着基础性作用，是党和政府联系人民群众的纽带。

这二者存在异同。长期以来，在行政体系内，乡镇与街道边界模糊、职能职责混合交织，似乎并无区别。这是因为，二者行政级别相同，均处在行政体制末端，在行政体系条块运行之下，二者确实很难分出差别。但二者主要在如下四个方面，差别较大。一是隶属关系上，街道办事处是一级政府（区属县或市政府）的派出机构；而乡镇是一级地方政府，属于基层政府。二是赋权来源上，街道办事处权力为上级政府赋予，对上级政府负责；而乡镇权力为乡镇人大授予，遵循人民代表大会制度，对乡镇人大负责。三是从所设地方来看，街道办事处往往在主城区、部分县城，街道办所在地经济大多比乡镇发达，多为城市型社会；而乡镇主要在市区里的非主城区、大部分县城地区，以及乡村地区，多为农村型社会。四是从核心职能来看，街道办事处受市辖区人民政府或不设区的市人民政府领导，行使市辖区或不设区的市人民政府赋予的职权，主要包括：基层党组织建设，公共服务、公共管理、公共安全，提供良好公共环境（包括营商环境）；而乡镇主要承担促进经济发展、增加农民收入、强化公共服务、着力改善民生，加强社会管理、维护农村稳定，推进基层民主、促进农村和谐四大职能。街道办事处同乡镇的异同详见表5-1。

表5-1　街道办事处同乡镇的异同比较一览表

	街道办事处	乡镇
隶属关系	一级政府（区属县或市政府）的派出机构	一级地方政府
赋权来源	上级政府赋予，对上级政府负责	乡镇人大授予，遵循人民代表大会制度，对乡镇人大负责
所设地方	主城区、部分县城，街道办所在地经济大多比乡镇发达，多为城市型社会	市区里的非主城区、大部分县城地区，以及乡村地区，多为农村型社会

表5-1(续)

	街道办事处	乡镇
核心职能	受市辖区人民政府或不设区的市人民政府领导,行使市辖区或不设区的市人民政府赋予的职权,主要包括:基层党组织建设、公共服务、公共管理、公共安全,提供良好公共环境(包括营商环境)	促进经济发展、增加农民收入,强化公共服务、着力改善民生,加强社会管理、维护农村稳定,推进基层民主、促进农村和谐
相同之处	行政级别相同,承担辖区内公共管理、公共服务、公共安全职能相同。均没有独立的财政权	

总体看来,经济发展可作为乡镇的主责主业,但却不能作为街道办事处的主责主业。但现实状况中,受各种主客观条件影响,街道办事处在操作层面,承担了大量的经济发展职能,乡镇与街道办事处的职能边界模糊,需要通过城乡基层治理工作进一步厘定明确。

3. 保障核心

在街镇的治理工作中,要特别注重体制破题,坚持推动街道回归主责主业。

首先,赋予街道相应的职责职权。目前,全国各地街道责权利不统一、不对等问题比较突出,要切实转变街道被动接受工作而权能不足的现状,亟待向街道赋予属地事务决策权、对职能部门的考核权等相应责权,推动行政执法和政务服务重心下沉。同时,要整合街道内设工作机构。按照精简、统一、高效原则,强化基层党建、基层治理、服务群众的机构和力量。重点抓党的建设、公共服务、城市管理、基层发展治理、自治指导等领域,推动街道由"行政机关"向"民生窗口"转型。

其次,要推行权责清单管理制度及职责准入制度。抓住"清权、建权、制权、晒权"主要环节,在全面梳理现有权力清单、责任清单的基础上优化管理。建立健全权力清单动态管理机制,多种渠道向社会公布权力清单,强化权力监督和问责。同时,要在各领域普遍建立权力清单、责任清单,逐一明确街道党组织、街道办事处、社区自治组织、群众组织和社会组织等参与基层治理的权利责任。

最后,健全考核评价机制与跟踪问责机制。考核评价机制方面,建立健全街道—社区两级考核评价机制,实行差异化考核;建立健全街道和基层群众性自治组织履职履约双向评价机制;建立驻区单位和社区共驻共建责任双向评价机制；健全完善以社区居民满意度为主要衡量标准的街道—社区两级评价体系和评价结果公开机制。

4. 秩序核心

当明确街道在基层治理中的秩序核心这一职能。街道办事处当在中国共产党街道工作委员会的领导下享有并行使下列职权：在属地辖区内的重大事项处置、联合执法中，对区人民政府有关工作部门及其派出机构进行统筹协调、指挥调度权，需保证街道对执法活动的调度权，并在相应指挥调度工作事项绩效考评中，对区人民政府相关工作部门及其派出机构进行考核评价；对区人民政府有关工作部门负责人的任免、评优评先等的建议权；对辖区内事关群众利益的重大项目等重大行政决策的建议权；对涉及本辖区的经济社会发展规划、国土空间规划的参与权与建议权；对投入本街道所属社区的财政资金的统筹管理权；法律、法规、规章规定的其他职权。

当坚持以人为本的核心导向朝向切实减负方向转变。一是立足发展前瞻性，构建有利于基层减负的正向引导机制。一方面，当建立起调整振荡期的基层干部风险的预警、防范与化解机制，建立起一套应急阶段防范与化解因"越减越负"负向情绪而引发的普遍的负向社会心态及其风险；另一方面，加强对基层减负成效的正确宣传引导，强化责权归位并不简单等同于工作量减轻的基本认识。二是强化完善职责边界厘清以外的事务性工作推进机制。建议以十九届四中全会提出探索"市域社会治理"为契机，将"职责边界厘清以外的事务性工作如何兜底"作为重要的研究课题，纳入城乡基层治理机制当中。三是加快建立以"党建、治理、服务、城市管理"为核心的基层"街—社"两级工作考评机制。针对适应新时代发展的基层工作考评机制不健全的问题，建议尽快研究并建立起符合基层运行现状的，基于街乡与社区两级的工作考评机制。四是省民政厅会同相关部门制定工作办法，指导市（州）民政部门会同市（州）相关部门依法制定、定期调整居民委员会协助政府工作任务清单并向社会公布。各级政府工作部门和街道办事处不得将协助政府工作任务清单以外的事项交由居民委员会办理，不得违反规定要求社区填表报数。同时，要求区（县）政府工作部门未经区（县）政府统一组织，不得对街道办事处工作进行考核。

5. 活力核心

当聚焦街道治理能力，重点支持街道城市管理、公共服务以及社区治理等主责工作。在上述主责领域，城市治理与公共服务供给两大主责领域工作能力普遍较为成熟，但社区治理活力不足是普遍存在的状况，当在依法规范街居关系的基础上，充分体现动员各类社会力量共同参与社区治理的要求，明确基层共治机制和基层民主协商制度，规定由街道统筹辖区重大问题，支持和指导居委会开展自治工作，制定居委会任务清单，规范社区党群服务中心和社区工作者队伍，鼓励社区志愿服务和社区服务类组织培育。同时，也要充分考虑到社区治理尚在探索实践中，一方面，社会治理的主体、范围、程序和决策的法律效力等尚缺乏法律、行政法规依据，条例对社区共治作更多具体规范的条件尚不成熟；另一方面，区域间的差异较大，一种模式很难"遍打天下"。为此，还要保留实践中不同区域不同发展阶段下的不同特点，以及立法需为社区共治的进一步探索与完善留有空间。

（二）关键词二："统"

"统"的意思是"统合"。一方面聚焦分类治理与精细治理，另一方面聚焦分类治理与精细治理之后的统合。X街道的探索经验表明，街镇治理至少要表现为四个方面的"统合"。

1. 统"组织"

从街道层面统筹、统合构建"组织"基础。街道党工委在街道（办事处）工作中，发挥统筹协调各方、领导街道治理的核心作用。在基层实践中，不断强化街道党组织的引领力，是探索实现街道工作有效路径的首要工作领域。其核心在聚焦探索健全街道党工委对街道治理重大工作的领导体制机制。以考评机制为约束，即建立城市基层党建和基层治理协同推进、街道社区与驻区单位党组织双向考评机制，通过组织联建、利益联结、资源共享，构建以街道社区党组织为核心、兼职委员为支撑的全覆盖区域化党建工作格局。强化街道党工委统筹功能，整合驻区单位、"两新组织"等党组织负责人，全覆盖组建街道区域化党建工作指导委员会，畅通街道党工委与区域党委之间的沟通协调。

2. 统"权力"

在社区层面，扩充社区治理权。社区治理权低，是当前城市基层治理机制均面临的问题，其主要表现在钱与权上，社区十分被动，基本处在上面安排什么，下面执行什么，上面没有动静，下面就无法推动工作的尴尬境地。北京因推行"街乡吹哨、部门报到"，解决了更多居民反映的问题，而社区治理权较高。X街道南街社区以社区党建为引领，利用社区微基金撬动市场资源，并建立起整套党建引领社区治理机制，扩充了社区的"治理权"来源，形成了有序的社区参与机制，同时不断强化着社区党委的实际权威。这体现了基层治理通过党组织对基层再组织，密切联系群众的目标与宗旨，且已经形成成熟的工作方法。

3. 统"模式"

形成党建统领，多点示范、多面开花的社区治理多元有效机制。探索党建引领下，更有利于街镇有效统筹各类社区各自治理的工作机制。不同类型社区，治理方法与治理方式不同，因此，成都市提出要进行分类治理与精细治理。但社区治理必须有效地嵌入街镇治理的总盘当中，既不能无限制地投入资源，也不能脱离街镇经济社会发展的实际搞治理。X街道在30个社区中，示范了多个典型社区类型，立足街镇层面的实际资源，总结梳理不同类型社区的多种工作法，并详细描述和探讨"多种工作法"在街镇治理机制中的"结构性"位置。实现了如下两个方面的意义：其一，从街道乡镇的实际资源禀赋来审视社区发展治理，更符合基层治理在国家治理体系中的实际"段位"，探索出的各类工作法更具普遍推广性；其二，从街道乡镇的视域看不同工作法，有利于下一步建立起街镇"统承"的治理机制。

4. 统"机制"

聚焦机制，构建街镇城乡社区统承治理机制的X区（成都）样板。以党建统领，街镇城乡社区"统承"治理的X街道机制为主题，聚焦多元社区类型，在街镇资源视域下的分类和精细治理，重点聚焦在"统"。回答的问题：①社区类型多元多样，治理机制多元多样，如何在国家治理体系的基层行政单元（即街镇）实现对多元社区治理的统合治理（如通过组织建设、资金引导、权力设置、自治议事机制等）；②如何在街镇形成对市区两级治理逻辑的有效响应（如破"九龙治水"等）。形成如下意义：①丰富并完善了成都市城乡社区发展治理在基层政府层级的机制。②从街道乡镇的资源视域看，有效建立起从社区治理开始破题，又统合在街镇层面的治理机制，同时形成对上下治理机制的有效承接。

（三）关键词三："链"

"链"的意思是"链接"。街道的结构性位置令街道至少要表现为三个方面的链条。

1. 承上"链接"：统合条线资源

成都市在市区两级社治委的成立后解决了行业部门对基层治理九龙治水的问题，但是街镇依然是具体呼应、承接上级资源并进行整合、分配的枢纽。

比如 X 街道全面铺开了三级网格管理制度，由专职网格员、居民小组长、楼栋长（单元长）组成三级网格员，实际上就是整合了政法的网格员治理资源、民政的居民小组长治理资源，以及街道村（社区）自己的治理资源，实现"网格区划、整体覆盖、精细管理"的治理模式。再比如，在处理正因国际化社区水涝问题时，X 街道链接了水务局的 3P 项目进行区域的雨污管网治理；在处理老旧小区缺乏公共活动空间的问题时，对老旧小区周边的闲置国有资源进行了梳理，积极对接国有公司香投集团，将一些闲置国有资源打造为辐射周边老旧小区的公共活动空间。这些均呈现了街镇作为调度枢纽在城乡社区发展治理中发挥的重要作用，因为最了解基层情况的是街镇而不是区级部门，街道可以充分利用区级部门的各种治理资源，并对其进行行之有效的整合，将最需要的资源落在最合适的区域，来推动社区发展治理工作的落地落实。

2. 启下"链接"：再团结群众、再组织群众

基层社会治理新格局的形成离不开对不同区域不同类型的村（社区）进行分类整治以实现精细化治理，那么这些治理类型由谁来把控？街镇是合适的单元。以下将从几个类型来看"向下链接"的差异化实践。

矛盾频发商品楼盘的典型。洪湖小区住户 2 991 户，总人口 1.2 万人。治理之前，小区乱象频发，街道将其概括成"三差三乱"。所谓"三差"，一是治安状况差：仅 2016 年，入室盗窃就达 26 起；二是秩序管理差：货车乱停乱放、三轮车随意进出揽客、小商小贩出摊占道；三是环境卫生差：垃圾堆积成山无人清理，设施破损无人维护。所谓"三乱"，一乱是纠纷不断，居民经常和物业打架，一度占领了物业公司的办公室；二乱是"山头"林立，居民为各自利益自发成立十多个维权组织，如其中一个叫曾荣峰的居民，一年内 10 余次挑头贴大字报、堵路、打架；三乱是聚集闹访，几年来，小区发生大规模聚集事件十余次，如 2016 年 8 月，小区因线路故障停电，小区业主上街聚集阻断了省道 105，造成交通大瘫痪。在此基础上街道探索开展居民小区治理"五步工作法"，成功实现了由乱到治。

第一步是找党员、抓骨干。发放《致洪湖小区居民的一封信》，回收

问卷 2 700 余份，收集意见建议 700 余条，梳理形成问题清单。开展"双找"活动，找到党员 110 名，发动党员积极参与纠纷化解、安全巡防等，强化党员"存在感"。第二步是建组织、抓覆盖。先后百余次深入党员家中做工作，并召开集中座谈会。在充分尊重党员意见基础上，成立洪湖小区党支部，推行小区党员代表驻派制度，分别在物业公司、业委会、监事会、社会组织派驻党员，实现党组织力量全面延伸。第三步是优机制、抓统筹。在党组织的引领下，建立小区治理三大机制。一是小区三级网格制度。二是成立社区环境与物业管理委员会，推荐、选举产生 23 名委员，承担政策宣传、纠纷调解等五项职能。三是建立小区综合联席会议制度。构建以党组织为核心，居民小组长、业委会代表、物管企业代表、社会组织代表共同参与的小区综合管理联席会议制度，协商化解居民矛盾 60 余起。第四步是抓服务、聚合力。建立洪湖邻里驿站，下设两室两站一中心，下沉便民服务事项 77 项，提供家门口的"一站式、全方位"服务。建立志愿者服务平台，积极培育文化服务、文明监督、治安巡逻等多支志愿服务队伍。第五步是植文化、强精神。党支部联合"幸福家""向日葵"等社会组织，发起以"阳光下午茶"为主题的"破冰行动"，弘扬"我们都是自家人"文化内涵，组织开展丰富多彩的公共活动，强化居民归属感和认同感。"五步工作法"说起来简单，但街道扎实实践了一年的时间，当然最终效果也是喜闻乐见的，如之前带头闹事的成员现在变成了秩序维护的骨干，同样遇到停电，小区居民现在不但不堵路，还主动慰问检修人员。

并没有太多矛盾堆积的商品楼盘小区治理。简单地说就是"未病先治"，探索了"物业+社治"治理模式，也就是引导物业转变观念，采取社区发展治理的思路，抓服务、聚合力，拉近物业、党员和居民之间的关系，提升商品楼盘和谐宜居度，这样小区居民关系融洽了，对物业满意了，也有利于物业持续开展服务、拓展业务。

以 X 街道北欧印象小区为试点，开展小区党支部和物业党支部双向引领工作。一方面，引导北欧印象小区党支部在业委会筹备组建中充分发挥作用，及时反映群众需求，搭建小区自治组织与物业之间沟通的桥梁。党支部在小区事务处理中作用发挥明显，当时掌握到的情况是，小区 90% 的业主意向选举的业委会主任就是小区党支部书记。另一方面，引导物业党支部推动物业转变观念，采用"社治"理念，以人为本，提升服务质效，建设运营"温暖客厅"党群活动站，搭建生活服务商圈联盟，链接开展和谐家园活动 40 余场，使物业与小区业主关系得到了极大改善，小区居民更加和谐融洽。

农民集中安置区。在农民集中安置区，主要采用"三联+"的工作机制，利用创新"党建+自治"治理体系，提升农民集中安置区居民归属感与幸福感。所谓"三联+"，指的是依托党小组，整合社长、楼栋长、群众代表等，成立党建工作小组，严肃党小组一级组织生活，完善问题收集处理制度，塔式处理群众反映的问题，以组织优势解决群众诉求无渠道、无回应的问题。"三联+"机制是一个普适性的党建工作机制，但 X 街道在农民集中安置区治理运用得最多。农民集中安置区，往往有"环境脏乱差、群众等靠要、公共服务短缺兜"等共性问题，以 X 街道普河小区为例，这个农民集中安置区承载了 X 区工业东区拆迁安置的农民，以前也是一个居民经常围堵政府的小区。X 街道通过在普河小区推开"三联+"工作机制，发现小区主要存在社区一头热、群众不参与，教育引导少、行为习惯差，以及公共配套弱、管理难度大三大类问题，于是 X 街道在小区做了三件事，实现了三个转变。一是从无人管到共同治。该小区成立了包含两个党支部、小区流管委、环物委、商家联盟在内的小区治理联席会（拥有小区公共事务召集动议权），构建了多元主体共同治理格局。在治理联席会的主导下，实现了小区停车降费（对 8 个车棚进行智能化改造，改造后群众使用费用由原来的 35～45 元降至 20 元，解决了小区居民停车难、停车贵问题，得到群众一片叫好）。二是从政府兜底到自我造血。设立普河小区外墙维修资金 50 万元，根据居民自治方式，维修资金和申请人按照 8∶2 的比例分摊，解决了困扰 103 户居民 10 余年的外墙渗水问题。该小区一直致力于增强自我造血功能，成立了社区特别法人企业，进一步整合资源，引进文化艺术培训中心、手工烘焙室且所有收益用于小区各项公共事务，实现政府兜底逐渐退出。三是从资源短缺到实现众筹。该小区通过组建小区管家库，实现"筹力"，征集 34 人组建小区管家库，强化群众对物业履职情况的考核，且考核结果与物业费挂钩，前期扣减的物业费 4.4 万元已转入小区治理基金。通过建立"小区筹"关爱互助机制，小区实现了"筹资"，探索建立"小区筹"关爱互助机制和志愿服务积分管理机制，设立"众爱筹""美家筹""关爱筹"三个项目，由商家联盟的商家及小区居民自发筹集资金用于小区各项事务，如已通过"美家筹"项目，筹集资金 4.8 万元为小区添置一套儿童游乐设施等。

总结起来，不同类型的区域都有一些共同的治理点，主要就是通过党建引领发动群众参与，以问题为导向解决群众需求，建章立制形成长效治理体系，从而达到街镇统筹谋划、总体把控，分类推进实现精细化治理，做到路径多元却治理有序。

3. 横向"链接"：激活"社会资源"反馈"社区治理"

街道作为平台对接各类社会资源，当发挥促进区域发展的作用，在基层治理工作中链接社会资源，进行了一些市场化运作的探索，推动村（社区）自我造血、还权赋能。

一是在社区治理中遵循商业化逻辑。在社区发展治理中，充分运用市场化思维链接社会资金、以社会资源拓展公共服务的空间，提升公共服务质量。比如，针对老旧小区周边的闲置资源，X街道充分链接了各种社会资源和项目，引导这些社会企业与国有公司达成协议后入驻，并进行低偿化收费运作。这既解决了政府无限出钱兜底公共空间运营的问题，又让老百姓享受到高质量的公共服务，还解决了社会企业可持续运营的问题。

二是链接资源。X街道在做一些公共服务配套工作的时候统筹考虑了产业发展，挖掘商业价值，形成了一些好的资源与口岸。比如，X街道的正因社区毗邻西南石油大学、四川音乐学院、成都医学院，尤其跟西南石油大学只有一墙之隔，每天流动的学生达2万人。根据学生需求，社区建设了正因国际青年聚落，并积极链接资源，引入了青岛华晨中小企业孵化器，打造一站式创业服务平台、技术成果转移平台、留学归国人才引进平台、知识产权交易平台、投融资平台等大学生学习、生活、就业创业资源链接平台，推动学生居民化、活动社区化，提升区域服务承载力，释放了消费活力。

三是盘活资源。主要解决商业信息不对称的问题，针对企业项目找不到载体、找不到地方落地，而政府、群众手中资源闲置的问题。X街道在新店子社区做了尝试，以新店子社区为试点，组建特别法人公司，搭建农村闲散资源入市流转平台，推动农村宅基地有序腾退进入市场，以120万元的投入撬动1.17亿元社会资金跟进投入，已与群众1 250亩土地、22 295平方米的闲置房屋达成委托协议，近300亩耕地、约1 700平方米集体建设用地、3处闲置房屋实现流转，生态国学堂、天府田园花海、鱼菜共生推广基地等10个社会项目落地新店子白家林盘，群众年增收4.5万元。最终，社区80%的群众都有了土地流转意愿，新店子呈现出连片发展的蓬勃景象。同时，依托农村闲散资源交易对接中心，社区党委以作价 140 万元实体投入入股"慢食慢语"等 3 个项目，将所持股份转入社区企业，年收入 8 万元，解决了村级集体无造血功能问题。同时，不是什么社会项目都可以在新店子落地，其必须符合乡村发展规划和产业发展规划，还需要街镇和村（社区）做好风险防控。

（四）关键词四："活"

"活"的意思是"活力"。街道作为链接基层社会的行政体系最末端，让社会百姓有秩序地充满活力，是街道治理工作的核心目标。这令街道至少表现为三个方面的"活"。

1. 百姓充满活力

一是设定高标准的公共服务。街道应当至少按照统一标准，根据有关规定，整合服务资源，高标准设立综合便民服务机构，高标准集中办理各类直接面向辖区居民和单位的公共服务事项，提供优质、高效的公共服务。当向辖区居民和单位公示公共服务事项办事指南，明确工作流程和时限，分阶段地推广网上办理服务方式，增强公共服务便捷性、高效性，提高服务水平。当按照统一标准完善公共文化服务体系，加强基层综合性公共文化设施建设，统筹利用本辖区全民健身资源，加强群众身边的体育场地设施建设和管理，组织开展群众性文化体育活动，丰富居民精神文化生活。当积极开展公共法律服务工作，为辖区居民和单位提供普惠均等、便捷高效、智能精准的公共法律服务。街道办事处应当配合区人民政府有关工作部门健全辖区教育和卫生服务体系，完善学前教育、基础教育公共服务，健全社区医疗卫生服务网点机制。

二是健全服务诉求处理机制。街道应当结合辖区实际，制定接诉即办制度规范，细化、完善相关工作流程。对于辖区居民和单位直接反映或者通过市和区便民服务平台等途径反映的需求、诉求，应当及时受理。属于职责范围内的事项，应当按照规定时限办理；不属于职责范围内的事项，应当在收到后 1 个工作日内予以转办，复杂、疑难事项可延长至 2 个工作日，并反馈转办情况。街道办事处应当了解和反映辖区基本民生保障需求，组织落实相关保障政策，配合区（县）人民政府有关工作部门、人民团体等做好社会救助和帮扶工作，推进社区养老服务工作，完善辖区助残服务体系，做好低收入家庭、困境儿童、老年人和残疾人等特殊困难群体的权益保障。

三是充分吸纳社会力量参与。街道根据实际，以及本市（州）"目录"和辖区基本公共服务需求，通过政府购买服务的方式，鼓励和支持社会组织、企业等社会力量提供公共服务，推动公共服务主体提供和方式提供多元化。

2. "机制"系统活化

一是切实指导基层自治工作。（1）促进完善基层民主协商制度。街道应当按照基层社会治理体系要求，转变治理理念，创新治理模式，整合辖区资源，推动各类社会主体协商共治。应当健全基层民主协商机制，对涉及群众切身利益、群众反映强烈的民生问题及重大公共事务，组织辖区内单位、社区组织、居民、人大代表和政协委员等开展民主协商，听取意见建议，及时沟通反馈。根据民主协商议题的需要，街道可以邀请区人民政府有关工作部门参加。（2）指导促进基层自治能力提升。街道指导居民委员会通过社区居民议事会等形式，组织社区单位和居民等对涉及切身利益、关系社区发展的公共事务进行沟通和协商，共同解决社区治理问题。街道应当推动居民委员会制定和完善居民公约；指导、支持和帮助居民委员会开展居民自我管理、自我教育、自我服务、自我监督的自治活动，完成各项法定任务。（3）促进并激活广泛的社会参与。街道应当指导居民委员会组织社区居民、业主委员会和物业服务企业等有关单位对涉及居民切身利益的公共事务、公益事业等进行沟通和协商，共同研究解决社区治理问题。街道应当统筹协调辖区单位向居民有序开放文化、体育、生活、养老助残等服务资源，参与社区服务、环境治理、社会治安综合治理等活动。辖区单位有条件的相关单位，应当对上述活动予以支持。街道办事处应采取措施引导和支持公益性、服务性、互助性社会组织参与基层治理。街道应当充分运用信息化等手段，拓宽居民参与基层社会治理的渠道，建设人人有责、人人尽责、人人享有的社会治理共同体。

二是指导并规范小区治理。街道应当依法组织和指导辖区内的居民小区成立业主大会、选举业主委员会，监督业主大会和业主委员会依法履行职责。街道应当组织召集各级各类物业管理联席会议，协调物业管理与社区管理、社区服务的关系，支持物业服务企业依法开展工作，协调相关部门解决物业管理工作中出现的问题，规范物业管理活动。

三是积极培育社会力量。街道应当鼓励、支持居民和辖区单位开展志愿服务活动，指导社区志愿服务，发挥志愿服务组织在基层治理中的作用。街道办事处应当培育生活服务类、公益慈善类、文体活动类、居民互动类等社区群众性组织，有序开展社区服务，扩大居民参与，培育社区文化，促进社区和谐；社区群众性组织符合社会组织登记条件的，指导其到民政部门办理登记。在有条件的地区（保证区县级统一），街道应当推进建立街道层级的社会组织平台中心，通过购买服务、公益创投、补贴奖励、活动场地费用减免，以及资源支持、项目承接、人员培训等方式，鼓励、引导各类社会组织参与辖区治理和服务。

3. 发展内生激活

一是厘定街道职能定位。依据政府组织法相关规定，围绕明确街道办事处职能定位，街道办事处是区人民政府的派出机关，依法在辖区内履行公共服务、城市管理、平安建设、城乡基层治理等服务和管理职责，统筹协调辖区地区性、社会性、群众性工作。依据四川省委十一届六次全会《中共四川省委关于深入贯彻党的十九届四中全会精神 推进城乡基层治理制度创新和能力建设的决定》精神，充分发挥街道党组织总揽全局、协调各方、服务群众的作用，立足基层服务管理，深化街道管理体制改革，构建党建引领、区域统筹、条块协同、上下联动、共建共享的街道工作新格局。街道应当在本街道党的工作委员会领导下，加强社区治理工作，以人民群众为导向，统筹协调，合理行使指挥调度区人民政府工作部门及其派出机构、承担公共服务职能的企业事业单位等，围绕群众诉求、重点工作、综合执法、应急处置等反映集中、难以解决的事项，共同做好辖区服务管理工作。区人民政府工作部门及有关单位应当接受街道办事处的统筹协调，合理行使指挥调度。区人民政府应当建立健全工作机制，督促区人民政府工作部门及有关单位依法履职，为街道办事处开展统筹协调、指挥调度工作提供支持。

二是明晰街道工作职责。街道办事处应当依法履行下列职责：组织实施辖区与居民生活密切相关的公共服务工作，落实卫生健康、养老助残、社会救助、住房保障、就业创业、文化教育、体育事业和法律服务等领域的相关法律法规和政策；组织实施辖区环境保护、秩序治理、街区更新、物业管理监督、应急管理等城市管理工作，营造辖区良好发展环境；组织实施辖区平安建设工作，预防、排查、化解矛盾纠纷，维护社会和谐稳定；组织动员辖区单位和各类社会组织参与基层治理工作，统筹辖区资源，实现共建共治共享；推进社区发展建设，指导居民委员会工作，支持和促进居民依法自治，完善社区服务功能，提升社区治理水平；做好国防教育和兵役等工作；法律、法规、规章及市、区（县）人民政府作出的决定、命令规定的其他职责。同时，还应明确赋予街道权力。如前所述，建议街道办事处当在中国共产党街道工作委员会的领导下享有并行使下列职权：在属地辖区内的重大事项处置、联合执法中，对区人民政府有关工作部门及其派出机构进行统筹协调，合理行使指挥调度权，并在相应指挥调度工作事项绩效考评中，对区人民政府相关工作部门及其派出机构进行考核评价；享有对区人民政府有关工作部门负责人的任免、评优评先等的建议权；对辖区内事关群众利益的重大项目等重大行政决策的建议权；对涉及本辖区的经济社会发展规划、国土空间规划的参与权与建议权；对投入本街道所属社区的财政资金的统筹管理权；法律、法规、规章规定的其他职权。

第六章 政社"强链接"：街道—社区的治理经验

习近平总书记在党的十九届四中全会作出坚持和完善中国特色社会主义制度，推进国家治理体系和治理能力现代化建设的决定，提出"加强和创新基层社会治理""完善共建共治共享的社会治理制度，实现政府治理同社会调节、居民自治良性互动，建设人人有责、人人尽责、人人享有的社会治理共同体"。其中，在"构建基层社会治理新格局"中指明要"完善群众参与基层社会治理的制度化渠道"，并提出"推动社会治理和服务重心向基层下移，把更多资源下沉到基层，更好提供精准化、精细化服务"。党的十九届五中全会进一步强化了"加强和创新社会治理""完善共建共治共享的社会治理制度"的要求。四川省委十一届六次全会，将基层治理的制度创新与能力建设作为响应党的十九届四中全会的四川篇章，并鲜明地提出将社区治理与小区治理作为基层治理的基础单元，充分凸显了基层治理在国家治理体系中的重要位置。

近年来，四川省成都市在基层治理领域深度探索，明确了"一核三治，共建共治共享"的基层治理机制，出台了《关于深化和完善城镇居民小区治理的意见》。在市域治理体系中逐级突破，形成了市域治理、社区治理、小区治理三级治理的制度化体系，社会治理体系的"四梁八柱"巩固建立、清晰呈现。

街道（党工委、办事处）作为县级政府的派出机构，是基层治理体系中党委政府在基层的基础单元，肩负着对街道所辖各社区的有效治理进行全面、系统、总体把控的职责。X区F街道立足街道层面，作出试点，试图通过制度创新的方式，应对基层治理面临的新挑战、破解新问题，在成都市已建立起的城乡发展治理体系中，为基层治理体系增添了符合县域层面的"制度化"治理机制,强化和巩固"政社"链接,笔者将其概括为建立基层政社强链接的"五个链条"工作法。

第一节 在县域建立基层治理"强链接"的重要意义

形成国家与社会的密切连结,将群众团结和组织起来,是基层治理的重要目标,街镇作为连结行政体系与基层自治组织(村社)的重要"节点",在此建立起"强链接"关系,十分关键,具有如下意义。

一、平衡基层治理秩序与治理活力的题中之义

"秩序"与"活力"是城乡社区发展治理的两大核心主题。将群众组织起来、走群众路线是我党战胜一切困难的关键,城乡社区发展治理是深刻学习贯彻"以人民为中心"发展思想的重要举措,更是在城市受快速城镇化影响、基层社会不断扩张、城市社区人口日渐增多的背景下,各级党委政府对基层群众的再组织、再整合与再动员的核心举措。如今,我国社会主义进入新时代,人民对美好生活的向往热情空前高涨,群众被"组织起来"的路径对"秩序"与"活力"均有较强诉求。一方面,基层治理的效能达成需要充分激发广大基层社会的创造性活力;另一方面,需要建立起党委政府与基层社会之间的强链接关系,从而实现基层治理的秩序化。

近年来,各地基层从街镇、社区、小区三个层级逐级突破,分别探索形成了街镇、社区、小区三级治理模式。当我们进一步聚焦城乡基层治理出现的各类新问题时,很容易发现,尽管我们在街镇、社区、小区层面均做了有针对性的治理探索,并形成了一定的治理经验,但这同重新实现党委政府对基层群众的再组织、再整合、再动员,建立政社强链接关系的中央关切之间,始终存在"最后一百米"的距离。其原因在于,尽管我们探索并积累了三个层级的治理经验与治理模式,却并未形成对三个层级治理进行有效链接,打通街镇、社区、小区已经建立起的各类治理模式,形成真正"上下"一体的街镇以下的基层治理"有机体"。由此,建立"街道—社区—小区"三级"强链接"机制,是平衡基层治理秩序与治理活力的题中之义。

二、平衡治理点状示范与系统破题的题中之义

如今，全国各地的市级党委政府纷纷探索党建引领下的基层社区治理机制，取得了十分显著的成效。国家有关城乡基层社区治理的大政方针经由各地的实践探索，具化成了政策视阈下多元多样的理论关照与应用模式。具体落地到街道与社区层级，形成了"百花争春"、点状创新突破的良性格局。然而，在街道层面系统开展将城乡基层治理各层级治理单元有效串联起来的创新示范，相对较少。各地的探索实践，往往停留在"点状突破"的阶段。以社区治理机制为例，其要么探索形成了社区的治理经验、要么探索形成了小区的治理经验，却很少探索"社区治理"与"小区治理"的内在关联，探索"社区治理"与"小区治理"体系化、制度化的联动关系，更不要说街道层面宏观把控的整体性治理机制。城乡基层治理所呈出的现点状探索与突破多，机制探索与突破少的现状，无法满足党中央国务院、省委省政府、市委市政府、区委区政府有关基层治理的系列指示精神。下一步，完善基层治理的制度化渠道，探索基层"有机体"的治理机制，以形成"强链接"的基层治理机制，意义更加重大，也是平衡治理点状示范与系统破题的题中之义。

三、平衡治理细分下创新与联动机制的题中之义

社区治理工作存在两个阶段性困局。一是以问题为导向的治理思路，极易导致"头痛医头、脚痛医脚"的短视行为，不仅可能增大治理成本，尤其是临时性治理成本，还令治理效能无法被有效把控和评估。简单来说，尽管治理成本投入很多，但治理成效无法预估，要么不确定治理效能究竟是高是低，要么不能有效测算治理效能的数量层级究竟如何。二是社区治理的内容不断细分，分成了不同的治理分区，导致治理难度增加。比如从层级来说，分成了社区治理和小区治理，小区治理又按农民集中安置小区、老旧院落、川西林盘、商品房小区等细分成不同类型。总体来看，城乡社区发展治理确实需要不断再深化，探索并研究不断细分的基层治理类型与路径。但这同时容易让基层工作者忽略另一个重要的问题，即城乡社区发展治理在基层的系统化问题，也即当把城乡社区发展治理看成一个整体时，还需要将不断细分的治理要素统合联动，推动形成基层上下一体的联动治理格局，这成为今天城乡基层发展治理的一大痛点。由此，建立

"街道—社区—小区"三级"强链接",是平衡治理细分下创新与联动机制的题中之义。

四、平衡基层硬件建设与软件建设的题中之义

如今,全国各地在城乡社区发展治理领域,普遍在硬件方面创新居多,不仅建强了党委政府在基层的阵地,夯实了组织基础,还在群众参与社区治理的空间与活动资源等方面,改善了硬件设施,在多个方面有所创新。党的十九届四中全会指出:"必须加强和创新社会治理,完善党委领导、政府负责、民主协商、社会协同、公众参与、法治保障、科技支撑的社会治理体系,建设人人有责、人人尽责、人人享有的社会治理共同体。"这指明社会治理,特别是基层社会治理的最终目标是建设"共同体",还需要在基层治理的软件机制方面做出制度化创新,进行广泛而深入的探索。由此,建立"街道—社区—小区"三级"强链接",也是平衡基层硬件治理与软件治理的题中之义。

本章节,我们将通过对 X 区 F 街道 G 社区的治理机制进行梳理,对 G 社区正在实践的"五个链条"工作法进行剖析,尝试回答"街道—社区—小区"三级密切链接的制度化治理机制如何形成的问题。

第二节 G 社区:密切链接"街道—社区—小区" 三级治理的实践经验

本案例中的 G 社区属于 F 街道,隶属于成都市 X 区,是成都市由特大城市向超大城市快速转变时期的历史见证区域,其街道治理单元丰富、治理结构复杂,在超大城市的发展变迁过程中极具典型性。一面是经济水平快速提高,另一面则是社会矛盾不断出现;一面是城镇化水平快速提高,另一面则是"半城市化"特征愈发明显。作为成都市第二圈层的先发区域,F 街道的基层治理面临更尖锐、更集中、更典型的社会矛盾,因此对该区域基层治理的破题与实验,以及内在行动逻辑与成效的解剖分析,将可为包括成都市在内的我国中西部超大城市的基层治理提供一个可供参考的典型样本。

一、G社区：密切链接"街道—社区—小区"三级治理的典型样本

G社区，是X区F街道13个涉农社区之一，辖区面积1.7平方千米，辖7个居民小组，于2010年6月整体拆迁并集中安置在北延新居小区。该小区是X区首个高层拆迁农民集中安置居住区，总占地198亩，建筑面积39.6万平方米，主要集中安置8个社区的户籍居民，常住非户籍人口约4万人，其中社区户籍人口2 372人，社区常住户籍人口约4 500人，社区现有党员86名，G社区是F街道在超大城市发展变迁中形成的典型治理矛盾集中社区，有强烈的向街道链接治理资源的诉求，因此，也是形成"街道—社区—小区"政社强链接的典型社区样本。具体表现在三个方面：

其一是治理对象复杂多样。从治理对象的身份属性看，辖区内既有原G社区的户籍居民，也有安置在G社区的其他7个F街道的社区户籍居民，还包括了更多的非户籍人口，所以除了新老户籍居民外，还需要关照到各级各类"流动"居民，人员状况较为多元。从治理对象的组织归属来看，辖区内既有归属于原G社区的社区户籍居民和流动居民，对这两类群体可通过公共服务供给令其形成对社区的组织归属感与公共归属感，还有归属于7个F街道其他社区的户籍居民，该群体因社区集体经济而形成了对原社区的组织归属感与公共归属感。从社区原本的组织设置来看，"社区—居民小组（7个）"的组织设置显然无法承载该社区对"密连政社关系"的治理需要，亟待重新梳理组织架构。

其二是治理空间分割清晰。虽然G社区的治理对象复杂多样，但治理单元却较为清晰，社区被纵横几条马路分割成几个相对独立的治理空间单元，每个空间单元坐落着一个小区。原G社区户籍居民与F街道其他7个社区的户籍居民均集中居住在北延新居小区，成为一部分单元住户群体，其余各单元分别分布着1~2个商品房小区，呈现因小区不同而治理内容不同的格局。

其三是社会矛盾多元频发。G社区流动人口多、居民融合难、矛盾纠纷多、服务半径大等特点，契合了当下社会矛盾的热点、难点问题，亟须打破"街道—社区—小区"治理边界不明、联动不强的阶段性发展治理困局。

二、组织职能归位，锻造"组织链"

因G社区居民的身份多元，原本"社区—居民小组"的两级治理组织架构无法满足对全域治理的现实诉求，为此，F街道以实化基层党组织为破题点，筑牢"片区—社区—小区"三级组织体系，并与之对应形成了"街道党委（片区党委）—社区党委—小区党支部"的三级"组织链"。具体包括以下三个步骤：

第一步，找党员，建组织。秉纲而目自张，执本而末自从，社会治理的核心必须落到基层党组织，而建立党组织的第一步是找党员。G社区通过社区"两委"、网格员开展入户调查，摸排小区党员，共找到114名党员，让党员亮明身份，从自身做起，并将20余名有空闲时间的党员纳入小区日常治理，增强党员存在感、归属感。

第二步，分层级，建体系。建立链接"街道—社区—小区"三个层级的基层党组织体系。第一层级，片区功能性党委——北延新居党委（代表街道层），下辖甫家社区党总支、太平社区党总支、G社区党委三个社区党组织。2009年，F街道在北延新居临时管委会的基础上成立了北延新居党总支。2011年，为进一步提升党组织对区域内各项工作的牵头抓总作用，F街道将党总支升级为北延新居片区党委，在街道抽调基层工作经验丰富、熟悉群众的中层干部任党委书记，建立健全了区域化党建工作运行机制，全面引领并协调各社区间的各项事务，协调辖区内各组织间需要街道层面协调的事务，并搭建北延新居的最高组织议事平台，以协调和处理社区间的公共事务。第二层级，社区党委——G社区党委。G社区党支部于2019年5月升格为G社区党委，成为社区层面的第一级党组织，主要职能在全面引领并协调社区内部各组织间的相关事务，并搭建社区内部各组织间的组织议事平台。第三层级——小区或社区内片区党支部。现已成立幸福街、临河街、绿地城这3个党支部，成为社区层面的第二级党组织、片区层面的第三级党组织。将党员分配至就近支部，优化党组织构架和布局，合理设定工作职责，让更多无职党员参与其中，示范引领周围群众，并建立起小区内部的组织议事平台。同时在条件成熟的楼栋或片区楼栋成立党小组。

第三步，赋实权，强组织。通过向不同层级的党组织差异化赋权的方式，实现三级党组织权力实化、权威实化、组织实化、链条实化。具体而言：片区层党组织主要由街道赋权，在实际运行过程中，通过发挥协调解决组织间各自诉求、引领组织良性互动、搭建各组织协调议事平台作用的方式，获得由各类组织的反向赋权；社区层党组织主要由街道与群众共同赋权，在实际运行过程中，通过全面引领社区内各组织发展，发挥协调解决社区内各组织的现实诉求、搭建组织间民主协调议事平台作用的方式，获得街道、组织与群众赋权；小区层党组织主要由群众赋权，在实际运行过程中，主要靠组织、引领、培育、协调小区内各组织间的事务的方式，获得小区自组织与小区群众赋权。构建三级党组织以形成强链条一览表如表6-1所示。

表6-1　构建三级党组织以形成强链条一览表

组织层级	组织职能	组织权威
片区层（街道层）北延新居（功能性）党委	代表街道发挥统筹协调作用：组织、引领、协调各社区间的事务	1. 街道赋权；2. 发挥组织协调职能获得反向赋权
社区层G社区党委	组织、引领、协调社区内各组织间的公共事务	1. 街道赋权；2. 社区内部组织赋权；3. 群众赋权
小区层党支部（绿地城党支部）	组织、引领、培育、协调小区内各组织间的公共事务	1. 群众赋权；2. 通过协调小区内自组织获得反向赋权

三、明晰权责收益，锻造"利益链"

建立基层治理体系的强链接，首先需要明晰社区居民的公共收益问题。G社区最核心的利益问题是：社区居民就集体经济组织的分配权以及公共服务是否"同一化"供给的问题而产生的诸多不满。为此，F街道党工委在G社区探索并实行了"两权分离"+"三级服务"利益供给机制。

由于由8个社区组成的北延新居小区，在集体经济组织分配权方面差异较大，从而引发对公共服务供给的不同程度不满。为此，F街道坚持"易治理、好融合、零距离"的思路，在G社区实施集体经济组织成员经济分配权与日常事务服务权分离的"两权分离"机制。在集体经济不变的情况下，设立区域化便民服务中心，梳理出13项村村通办事项，方便安置区内其他社区居民办事。同时，针对集体经济，在保障原集体经济组织成员经济分配权不变的情况下，以村民议事会为决策机构，讨论集体成员的利益分配问题。另外，公共服务供给方面形成了街道层、社区层、小区层三个层级的公共服务供给体系。街道层：供给资源。包括社区周边道路、安置小区内、农贸市场的更新维护。这一层争取到了省、市、区项目支持，推动了智慧社区建成。社区层：协调资源。包括引入社会组织参与项目运营，组建社区志愿者队伍参与社区事务协商，鼓励社区能人志士参与社区治理等方面。小区层：互换资源。包括提供楼栋公共空间以开展小区活动，组建小区商家联盟和引入优质资源以丰富居民活动，做好公共空间日常的管理维护以及挖掘小区骨干力量等方面。具体如表6-2所示。

表6-2　厘清利益关系以形成强链条一览表

类型	层级	导向	内涵
分配型利益	全层级	两权分离：经济分配权与日常事务权	集体经济分配权不变享受日常事务权不变
公共服务利益	街道层	供给资源	聚焦硬件建设：在社区层面引入、协调各类治理资源，提升公共服务硬件水平
	社区层	协调资源	聚焦软件建设：撬动社区资源、协调社会组织、激活社区力量参与社区公共治理
	小区层	互换资源	聚焦小区内部公共事务：小区商家联盟、小区资源收集与分配、日常管理维护、挖掘居民骨干

四、优化三级阵地，锻造"空间链"

基层治理体系的强链接，需要以层级分明、功能明晰的空间阵地为载体，为此F街道在G社区建立起"社区—小区—楼栋"三级公共空间。G社区党委以共同目标、共同利益、共同需求为纽带，将党建和社区治理工作有机统一起来，加强对社区居民委员会、居民议事协商会、居民监督委员会等自治组织的政治引领和思想引领，支持和保障其依法开展社区自治活动，及时解决社区工作和基层群众的急难愁问题。最重要的是，为了有效引导各类群众自治性、议事性活动在相应的空间开展，形成"街道—社区—小区"制度化的议事路径，G社区打造了"社区—小区—楼栋"的三级"公共空间"。通过对不同层级的公共空间，分配与划分不同的政治性和自治性职能，并加以引导，逐渐形成了民主议事与自治活动规范开展的良性格局。

具体而言，第一级公共空间：社区党群服务中心，承担社区的政治功能、组织功能、动员功能、决策议事功能和社区服务功能。为了令党群服务中心功能更优化，按照"可进入、可参与、可共享"的改造要求，社区党群服务中心投入150余万元，升级改造儿童之家、舞蹈之家等12大功能区域，以零租金商业化运作方式，邀请5家商业机构入驻，采取公益和低偿的输出模式，为居民带来实惠。第二级公共空间：小区邻里空间，承担居民小区的民主决策议事功能、服务功能和自组织议事功能。该空间特以绿地城小区为示范，设立邻里驿站为小区内部的政治活动中心，引入社会组织"幸福家"具体运营，已被打造成兼具自治性、议事性、活动性的小区内部公共空间。第三级公共空间：楼栋架空层公共空间，承担邻里活动功能、小区服务功能、社会组织和小区自组织对居民的组织动员功能。通过对绿地城小区里的架空层进行升级打造，将其建成集自治议事、娱乐、休闲、养生、运动于一体的公共活动空间（见表6-3）。

三级公共空间形成了三级组织动员、三级协商议事、三级服务功能。功能中既有上下联动性，又有各自独立性，成为链接"街道—社区—小区"有机共同体的空间载体。三级公共空间的打造，在民主议事与自治活动的基础上，逐渐形成了空间划分与功能分化的制度性、规范性格局。

表6-3　打造三级公共空间以形成强链条一览表

空间层级	空间属性	空间职能
第一层级——北延新居党群服务中心	政治性空间为主自治性空间为辅	社区的政治功能、组织功能、动员功能、决策议事功能和社区服务功能
第二层级——小区邻里空间（如绿地城邻里驿站）	自治性空间为主政治性空间为辅	居民小区的民主决策议事功能、小区服务功能和小区自组织议事功能
第三层级——楼栋架空层	自治性空间	邻里活动功能、小区服务功能、社会组织和小区自组织对居民的组织动员功能

五、激活三级组织，锻造"自治链"

建立基层治理体系的强链接，需要在层级分明、功能明晰的组织阵地与空间阵地中，策略性地激活不同层级的多元主体。

首先是搭平台、定规则，活化三级议事制度。北延新居党群服务中心在北延新居党委的引领下，搭建街道、社区、小区三级议事空间，秉持着"群众事、群众议"的原则，厘清街道、社区、小区三级议事空间边界，明确各级职责，组建起新市民代表队伍、区域功能党组织等。且承担片区各组织间议事平台功能，为8个社区、辖区内两型组织搭建了综合性议事平台。G社区党委则借助北延新居党群服务中心发挥社区内部引领作用，承担社区内部综合性议事平台功能，搭建小区议事会、群众工作之家等平台，就居民矛盾、行为规范等进行疏导和引领，并探索实行"两权分离"机制。绿地城小区等党支部，则借助绿地城邻里中心发挥小区内部引领作用，促进居民自我约束、畅通合理表达诉求渠道，发挥小区内部各组织间的矛盾化解、行为规范引导、组织动员群众、广泛激发群众活力等作用（见表6-4）。

其次是树品牌、展活力，激活三级组织活力。北延新居党委（片区层级），重心在激活社区内容组织的共治活力，如在辖区推广"阳光下午茶""730夜话"等议事平台，发挥党员引领示范作用，树立"李大妈评理""何律师说法"等品牌；再如，为了维系8个搬迁社区的共同秩序、化解集体经济分配矛盾，通过团结辖区内两型组织参与共建共治共享的方式，吸引市场性社区治理资源，如与区电视台、辖区内的企业、学校结对联盟，取长补短，共同推进辖区发展。G社区党委（社区层级），重心在激活社区内外各社会组织的活力及资源，如引进"正好""幸福家""美好"等社会组织，组织青少年、老年人参与相关活动20余场次，在辖区物业公司、大小商业主体做好本职工作的情况下，引导其共同参与流动人口登记、综治维稳、门前三包等事务，做实每个单元的公共事务。绿地城党支部（小区层级），则重在引领并激活小区内部各类功能性兴趣自组织的组建、维系与扩展，并建立相关制度，有秩序地开展工作、展示小区内部自治活力。比如，发扬"高风亮节，家有大爱"的G社区精神，积极践行居民公约，传承弘扬优秀家风，常态开展"最孝儿媳""最美家庭"评选活动，形成良好的社区氛围。居民通过"线上线下"渠道，反映意见1 220条，对此采取定人、定责、定时方式，及时解决问题980个。

最后是强示范、强服务，激活群众服务载体。牢牢把握原住居民和流动人口两大类人群，以问题为导向，精准施策。一是多种渠道问需求。通过开展网格员入户调查4 026户、微信公众号征集意见230条和填写调查问卷4 026份的行动，梳理形成问题清单并建立起社区基础信息库，深入掌握居民真实诉求。二是两线融合抓重点。通过梳理，社区共收集商住小区问卷1 857份、农民集中安置区问卷2 169份，共梳理出停车难、街面管理有待提升等共性问题 5 个，而社区将此类问题作为社区的重点工作，形成工作台账并建立周例会制度，以解决问题。

表 6-4　活化三级组织以形成强链条一览表

组织层级	规则制度	自治活力
第一层级——北延新居党委	片区各组织间议事平台（片区党委、社区组织、两型组织）	相应组织活力激发
第二层级——G 社区党委	社区内各组织议事平台（社区党委、社会组织、小区组织），"凡事必议"制度	社会组织间、各小区间"百花争春"
第三层级——小区党支部	小区内各自组织议事平台（小区党支部、业委会、自组织、物业公司）	小区内各类组织有序互动、秩序化运行，矛盾不出小区

六、凝聚一体价值，锻造"文化链"

当完成了筑牢组织链条、形塑经济链条、打造空间链条、活化自治链条等硬件创新与刚性机制后，还需要进一步创造上下一体的文化价值，形成基层共同体的文化意识与具有共同体自觉的积极的群体心态。在 F 街道的实践中，形成了三个层级功能互补的文化营造链条。

在街道层，主要聚焦"F 街道文化"的整体营造，形塑局域共同体文化共识。一是打破"唯户籍论"，营造"共同体"文化。由于外来人口比例较高，于是 F 街道大力弘扬"来了就是 F 街道人""吾身安处是家乡"的文化；打造"明星风采秀、快乐你就来"的文化活动品牌，树立"诚信"的城市精神；打造乡愁馆、城市展览馆、智慧党建馆等场馆，展示 F 街道城市形象，让老 F 街道人的乡愁有寄托，让新 F 街道人的感情更融合。在社区层，主要聚焦社区互助的氛围营造，形塑社区志愿服务文化共识（见表 6-5）。G 社区的治理，特别注重消除群体间的隔阂，以更多的善意和更大的包容心对待新市民，通过各类文化活动营造氛围，引导居民树立共同体意识，强化其对"共同体"的归属感和认同感，增强其共建共治共享和谐宜居社区的精神动力。如弘扬了"高风亮节，家有大爱"的社区精神，开展了"红色电影日""志愿者服务日"等活动，探索了"时间银行"制度以增强社区居民的志愿意识，现社区共有志愿者 489 人，2021年全年开展活动共计 67 次。在小区层，主要聚焦新时代新邻里关系营造，形塑小区亲密邻里关系共识。常态化开展各类小区邻里活动，如"阳光下午茶"、为老活动日、传统佳节主题活动、亲子主题活动和自组织月度工作会等。

表6-5　形成三个层级文化以营造强链条一览表

组织层级	文化内核	文化活动
街道层——形塑局域文化	F街道"共同体"文化："来了就是F街道人"	凝练文化内涵；打造乡愁馆、城市展览馆、智慧党建馆等
社区层——引领志愿精神	聚焦社区内志愿精神的文化氛围营造	开展"高风亮节，家有大爱"的社区精神；开展"红色电影日""志愿者服务日"等活动
小区层——打造时代邻里	聚焦小区内的时代新邻里关系的文化氛围营造	通过社会组织、自组织等常态化开展小区内各种邻里活动

第七章　"两权"合治：西部县域中的乡村治理探索

　　党的十九届四中全会提出，要"构建基层社会治理新格局"，"完善群众参与基层社会治理的制度化渠道"，这为基层社区治理实践指明了方向：既要聚焦社会治理中的群众有效参与，更要聚焦建立和完善各项"制度化渠道"。

　　党的十八大以来，习近平总书记对基层治理作出系列重要论述，全国各地纷纷探索党建引领下城乡基层治理方式、方法，以北京、上海、成都、杭州等地为代表，多地党建引领的基层治理经验纷纷获得认可。国家有关基层治理的大政方针经由各地的实践探索，取得了十分显著的成效。但仔细比较分析各地的城乡基层治理经验不难发现，对基层治理的各组成要素的探索较多，如基层党组织建设、基层群众活力、社会组织培育、社区企业培育等，但具体到将各组成要素串联起来，形成有机的制度化安排时，创新的经验案例则显得不足。很多地方做足了要素的探索，却无法将其统合联动，笔者认为，原因之一是对"制度化渠道"的实践探索与经验研究不足。

　　关于我国的城镇化研究，学术界普遍流传"半城市化"（王春光，2000）的说法。从基层治理与乡村治理的角度来看，我国中西部的大部分地区均存在明显的城乡差异，因此城乡间不能以一种治理模式"包打天下"。从今天看来，东部地区如江浙等地，已经在党建引领的乡村治理领域做出了有益探索，而中西部地区在这方面则体现出了包括对其内在逻辑的理论探索与经验实践都稍显不足。

　　在城镇化背景下审视基层治理，尤其是中西部的基层治理，需要特别尊重并区分城乡基层治理差异化的内在逻辑，以达到共建共治共享的社会治理格局目标，采取"城"与"乡"不同目标的基层治理顶层设计。中共四川省委十一届六次全会审议通过《中共四川省委关于深入贯彻党的十九届四中全会精神、推进城乡基层治理制度创新和能力建设的决定》，以此作为贯彻落实十九届四中全会精神的四川实践实施方案。基于四川大部分基层地区为乡村，地区人口多、底子薄、发展慢、较落后的现实省情，该决定特别明确地对现代乡村治理与城市基层治理分别做出部署，提出要"深入推进现代乡村治理制度改革"，"创新和完善城市基层治理制度"，指明了乡村治理的重心在制度改革与创新，而城市基层治理的重心在制度完善与创新。在我国新型城镇化背景下，四川省对西部地区"城"与"乡"基层治理展开差异化制度设计的具体实践，值得关注与参考。

本章将试图展示四川省 Y 市 C 县的县域层面的乡村治理案例，通过对几个村庄的田野调查，基于城乡基层治理在西部地区的差异化逻辑，通过对西部地区乡村治理现实问题的梳理，从县域层面探索西部乡村治理可能的发展模式。笔者认为在中国西部的乡村地区中，治理与发展当密切配合、互助互促，同时要促进发展权能与治理权能的联动发展，而基层的多元治理主体当在"发展权能"与"治理权能"上进行分工协作，站在治理有效的立场上，审视发展权能与治理权能是否相互成全。

第一节　西部地区乡村治理之"困"

在流动社会形态下，西部地区乡村主要呈人口净流出态势，人员并不复杂。与东部地区和中部的部分地区相比，西部地区乡村的社会结构普遍较为简单，经济发展普遍滞后，人口流失所致的"空心化"较为严重。2015 年起，四川乡村居民的务工收入已经超过农业收入，成为家庭收入的主要来源①。在此背景下，人力资源、乡村经济发展、乡村治理成为掣肘西部地区乡村发展的核心关键词，构成西部乡村治理如下四个方面的典型之"困"。

一、人力资源："留不住"与"养不活"

西部地区的乡村治理，发展与治理需同频共振，这其中人才既是核心

① 参见内部研究报告。

也是关键。一方面，多年以来，西部农村劳动力大量外流导致农村"空心化"，令乡村社区十分缺乏有知识、有管理经验、有发展能力的人力资源。以四川为例，这里地形地貌复杂多样，高原、山区、浅丘居多，平原少，人口居住相对密集，土地生产力低，普遍不具备机械化、规模化生产条件，因此有能力带动发展的人才引不来、留不住。而留守乡村的人，知识更新不够快、思想观念落后，仍停留在小农经济圈，单靠土地生产无法养活自己。另一方面，乡村组织人才待遇很低，以四川的乡村干部标准来说，在"一肩挑"之前，村支书工资为每月 1 260 元，村主任工资为每月 1 100 元。尽管四川省出台了政策鼓励村集体经济收入向村干部倾斜，但集体经济"空壳"现象十分普遍，村干部几乎很难从集体经济里获得收入。若没有"副业"，村干部的收入十分微薄，仅靠"奉献"无法说服人才留下。同时，自治组织的属性造成乡村干部缺乏进入体制内的晋升渠道。总体而言，西部乡村对人才的激励机制不足。

二、发展权能：产业发展的制度梗阻与能力不足

所谓发展权能，是指乡村内生的发展的权力、能力与动力，也即乡村到底有多少动员、分配资源的权限，到底有没有整体发展的能力，到底有没有立足本地发展的动力。笔者认为，西部地区乡村的发展权能，需要解决制度梗阻与能力不足两个方面的具体发展阻力。

（一）制度梗阻

西部地区的乡村发展，首先受限于制度梗阻，具体表现为三个方面。一是行政资源的条块传递，这令资源的使用效能刚性有余、柔性不足。与东部地区不同，西部地区的乡村发展特别受到条块资源分割的影响，尤其是地方财政配套能力有限，且基层无法实现对部门资源的整合、调配使用（如专款专用的限制），这使得部分项目可能存在较大的资金缺口，而部分项目处于有资金却不能使用的尴尬状况。因此一些地方存在先把项目拿到手、"批大做小""撒胡椒面"的情况。二是社会资本的吸引力弱。调研发现，四川乡村社会的发展性资源如土地、农产品对社会资本的吸引力不强，发展农业产业的机会成本较高，因此社会投资者对下乡持谨慎态度。尽管各地基层乡镇将引进社会投资，尤其是农业产业投资作为重要的工作来抓，且在其权限范围内出台了系列优惠政策，但成效甚微。一方面是地方经济社会发展相对落后的现实境况，决定了政策力度往往对投资者吸引力不大，吸引来的社会投资数量少、规模小、总量低；另一方面是吸引的投资者多为本乡、本村在外发展较好的大老板，这类人的返乡投资行为被看作是反馈乡村的社会责任。这部分群体对经营产业成败的诉求，低于对自身道德评价与乡里美誉度的诉求，或者至少认为投资成败与乡里美誉度同等重要。三是本地资源因体制限制而无法整合力量，主要表现为行政划定的土地边界无法满足产业规模化连片发展的诉求。通常来说，产业做强做大，连片发展是基本诉求。在西南山地，受地形限制，适合居住与生产生活的地形较少。在行政边界的限制下，土地以行政村与村内的村民小组为界，被分割成一个个小块的生产单元。大量研究表明，土地纠纷是乡村矛盾与乡村治理的"硬骨头"。长久以来，村民的土地纠纷限制在行政村内、村民小组内解决，以行政村与村民小组为单元，防范与化解因土地而产生的矛盾成为长期以来乡村治理中化解与防范社会稳定风险的重要内容，这在一定时期发挥了重要作用。但当土地需要连接起来、连片发展的时期，却成为整合发展的阻碍，亟待打破。

（二）能力不足

西部地区的乡村发展权能不足的问题相对突出，主要表现为两个方面。一是发展能力不足。这既包括农村产业发展能力，也包括产业发展的带动能力、示范能力、引入和整合外来市场的引领能力等。二是治理能力不足。调研发现，在西部地区，但凡乡村产业发展较好的村庄，其内部治理有序，对产业发展有切实帮助；而但凡乡村有产业发展的较大动作却成效甚微的乡村，其内部矛盾往往较大，村民不能在个人利益与公共利益上相互妥协，达到群体一致。这里所说的治理能力，主要指深刻影响产业发展的乡村公共治理秩序的能力。因此需要破解的问题有：部分群众依然存在小农意识，集体经济空壳化、力量有限，对群众的组织力不足、动员力不足、整合力不足、约束力不足等。

三、治理权能：传统乡村秩序被打破，新型乡村秩序尚未建成

所谓治理权能，是指乡村内生的治理的权力、权威与能力，也即作为理论上的自治组织，其是否能在党建引领下实现自治秩序。若能实现，那么百姓普遍遵守的内在乡村秩序究竟为何？其权力与权威是如何形成的？我们认为，西部地区的乡村治理权能，需要从组织、服务与乡村秩序三个方面具体发力、破题。

（一）组织弱化

国家与基层社会建立起密切关联，既是夯实国家基层政权的现实需要，也是满足人民美好生活需要的重要桥梁。乡村是自治组织。国家与基层社会建立密切联系的过程中，组织下沉与服务下沉是两条重要的路径。

在乡村治理中，党组织的阵地建设既要有效落地，增强党在社区建设中的政治辐射力、影响力和渗透力，又要保证社会有足够的自组织和自我发展空间，社会得以有效激活，居民自治得以有序运转。长期以来，一方面乡村在党组织有效落地的路径探索和社会自治的有效激活方面均表现不足；另一方面在党的领导、政府治理与社会调节、居民自治的互动关系上，乡村往往难以精准把握。有的时候地方党政力量弱而社会自治力量强，表现为群众自组织很容易建立，与党委政府形成对抗关系，激进式表达和伸张利益诉求；而有的时候地方党政力量强而社会自治力量弱，群众"等、靠、要"思想意识十分强烈；还有些地区上述问题混合出现，这些情况令基层治理困难重重。这样的局面特别需要乡村治理者具备大的智慧，一方面，要避免乡村基层治理出现"一管就死、一放就乱"的困局，这是过去管理思维而非治理思维下常常出现的不好情形；另一方面，还要有效激励群众参与基层治理，培育群众参与基层治理的意愿、行动力与能力。

据调查，由于西部乡村经济发展普遍水平不高，西部地区的乡村中个别地方基层党组织的核心地位尚未真正确立，核心作用发挥不够充分，凝聚力不够强，有的甚至存在"软弱涣散"的情形。主要表现在：一是当前基层组织缺乏资源，与村民之间没有形成利益链接，调动群众缺乏手段，以致服务群众时往往是"动动嘴、吼一吼""组织卖力吼，群众绕着走"。二是党建工作形式单一，仅仅通过"三会一课"学学文件、讲讲政策，没有研究与村民生产生活相关的产业发展、公共服务、社会保障、文化活动等内容，且无职普通党员参加会议的积极性不高。上述问题导致党组织在乡村的引领力不足，下沉无力。其核心原因在于缺乏发展载体，对治理的有效回馈不足。加上在管控思维下，党组织往往鞭长莫及，造成组织虚化，在乡村中的印象成了"官员"，从而导致政社关系疏远。

（二）新的乡村治理要素尚未成长起来

笔者认为，西部地区的乡村普遍尚未建立起适应"流动"社会形态的乡村治理模式。

在传统乡村中，乡村社会形态是固定的，是非"流动"的，乡村普通百姓的生产生活空间主要被限制在村庄，因此乡村的自治秩序更容易形成。这种形态下，基层政府普遍采取通过村干部治理乡村，把"责权利"一同打包给村干部的"简约化"治理方式，同时促使村庄内部的本土权威、自组织、乡贤等发挥重要的治理作用。在流动社会中，劳动力纷纷外流，生产关系不再被限制在土地上，但百姓又没有切断与乡村的关系，乡村治理中原本依靠固定的土地生产关系建立起来的、被普遍遵循的治理秩序被打破，比如宗族、老乡贤、旧的村规民约。百姓们"见多识广"，传统权威与治理秩序式微，适应流动社会形态的乡村治理模式并没有随之建立起来。新乡贤与新的村规民约，普遍在"固定"乡村治理形态下建立，并没有顾及"流动"社会的一些新的变化，从而造成整体治理效能较弱。

（三）服务弱化

如前所述，服务下沉是国家与基层社会建立密切联系的另一条重要路径。特别是在农业税费改革之后，国家与社会之间主要以服务下沉和各条块部门的项目输入来连接。在基础公共服务之上公共服务供给增量不足，导致如下两个方面的困境。一是民政服务的"治理工具化"。民政服务是国家面向基层除基础公共服务外的、针对弱势群体进行兜底的国家供给公共服务。由于发展资源缺乏，民政供给的基础保障类服务资源，演变为乡村治理的约束性资源，成为部分地区基层干部或乡村干部约束居民并令其遵守秩序的重要约束性资源。这导致民政服务"治理工具化"。二是乡村的基础性公共服务与增量型公共服务均供给不足。调研发现，在除成都外的四川大部分行政村中，村级行政资金与公共服务的资金总额只有8万元（各地市情况略有差异，但相差不大），其中还包括2 000~3 000元不等的书报刊费等必要开销。除去水电费、通信费、资料打印费等基础性行政成本，乡村实际可支配的、用于治理性的资金在3万~4万元。这些钱在部分乡村中，甚至连卫生维护等基础性公共服务都难以维持。因此，治理必须靠发展，而发展也必须有治理做保障。

四、两权分治："发展权能"与"治理权能"合力不足

综上所述，笔者认为，在东部与中部的部分地区中，乡村已取得相对较好的发展成果，乡村治理的重点在治理秩序形成、百姓民生提质、群众参与权能增长等方面。而西部地区的乡村治理，则普遍需要关注发展权能

与治理权能的相互成全，做到同频共振，取长补短，发挥叠加作用，共同促成乡村有序发展与治理。但大部分西部地区的乡村治理，两权并未叠加，甚至治理失序导致发展搁浅，发展不足导致治理无底气的状况时有发生。究其原因，一方面，效率与公平存在"天然矛盾"，若要发展遵从"效率"逻辑，而治理遵从"公平"逻辑，发展权能与治理权能相互叠加，需要治理者找到发展与公平的平衡点，这对治理者的能力要求较高；另一方面，治理者观念尚未转变，还停留在发展与治理相互独立的阶段，尚未形成系统思维，没有将发展与治理结合起来思考与探索。

第二节　案例：Y市C县

C县地处四川省Y市，是四川省相对贫困山区，其乡村形态在西部地区具有典型性。截至2017年年底，C县建档立卡贫困村为214个、贫困户为2.7万户9.2万人，贫困发生率为13.9%，在全省县区中贫困村数量排第4位，贫困人口排第11位。C县是国家现代农业示范区、世界红心猕猴桃原产地，被誉为中国红心猕猴桃第一县、中国雪梨之乡。全县有万亩以上现代农业园区19个、千亩以上产业园69个、产业庭园3.8万个，主导产业园区覆盖面达85%以上，园区总面积达65万亩，具有一定的农业产业化基础。在C县，我们选择了三个村做深度观察和对比研究，具体如下。

资源输入与综合发展型案例——三会村。三会村隶属于C县五龙镇，距县城32千米，距政府驻地4千米，辖区面积5.7平方千米，管辖7个组368户1 235人，贫困户62户231人，是四川省委组织部的帮扶村，在基层党建、脱贫攻坚、基础建设、产业发展、乡村治理等方面有较强的外力帮扶，为典型的资源输入型治理案例。

能人带动与内生秩序型案例——岫云村。岫云村隶属C县白驿镇，距离县城48千米，距离白驿镇3千米，管辖区面积2.8平方千米，辖6个村民小组253户938人。全村村民制度化参与率较高的为健康生态种养殖业。其是精准扶贫中，全国普遍采用的"以购代捐"模式的发源地。村书记是典型的年轻能人，获得了诸多荣誉，也是全国人大代表。该村通过主外村干部整合村外市场资源，主内村干部规范村内治理秩序、组织管理和监督管理产品的制度化、标准化生产，是村内资源带到村外市场的能力带动与内生秩序型案例。

乡贤带动与乡村营造型案例——将军村。将军村隶属于 C 县元坝镇，距离县城 27 千米，辖区面积 3.8 平方千米，辖 8 个村民小组 368 户 1 120 人。近年来，将军村把农户庭园作为推进乡村治理的切入点和突破口，创新庭园党建引领新乡贤治理组织体系。其典型意义是，在乡贤引领下的德治秩序构建，以及乡村以百姓为主体的环境营造。2019 年将军村被列为全国乡村治理示范村。

第三节 "两权"合治：西部地区乡村治理的一种模式

城市基层治理的核心问题在于探索因城市居民已被高度职业化分工，社区变成纯粹的生活邻里空间，人们不再对社区有生存与生产性的依赖情形下，如何平衡不同趣缘、业缘的群体，从而形成不同的兴趣化组织，并最终使得组织与组织之间在党建引领之下进行秩序化互动。其核心是关照不同利益诉求的"多元性"。

而对广大中西部地区，乡村治理的核心在于重塑乡村内在的"公共性"，做到乡村内部不仅有客观的公共利益，还有有效的公共秩序。这需要产业发展、人才聚集与基层治理的共同成全。

一、"两权"合治的内在逻辑

总体思路：多元治理主体在发展权能与治理权能方面要有侧重与分工，通过"两权"合治的方式，彼此互依互联，构建共建共治共享的基层治理共同体。具体而言，党组织当发挥整合优势、动员优势与灵活优势，重点聚焦发展权能，通过发展权能的扩充，党组织在基层各治理主体与广大百姓中获得声望。行政村作为自治组织，聚焦内部治理权能，通过扩充发展权能获得发展资源，并建立起将发展资源转化为治理资源的制度安排，结合党组织在引领扩充发展权能过程中，积累起了治理权威，形成以党建引领、三治融合发展的村级治理秩序，这一治理秩序形成对普通百姓的组织整合与利益动员，从而进一步巩固发展权能。由此构成"两权"合治的内在逻辑。

发展权能：以区域化党委为破题主心骨，将党组织重心定位于谋发展、树权威。如 C 县三会村以产业合作单元整合行政单元，发挥党组织优势，形成了新的基层发展治理单元。乡镇不囿于乡村行政空间，在乡镇行政范围内建立园区，园区将产业相似的三个村整合进产业园区，成立村以上的产业园区大党委，把握发展方向，建立行政村村级集体经济组织，探索产业园区的入股与分红机制。

治理权能：行政村的村级自治组织，重心在党建引领、三治融合的治理秩序上。以发展权能所释放的治理资源为本底，通过党建引领下"自治、德治、法治"多种方式整合村内秩序，形成治理有效的同时，保障产业发展，包括建立村级积分制的奖励与惩罚相结合的激励机制，新乡贤引领营造村庄氛围的探索等。群众（村民）则从能看到自身发展的希望与实际收益获得中，一同参与构建乡村治理秩序并一同遵守，以保障乡村进一步发展。

在这一过程中，"发展权能"与"治理权能"同时充权，并形成相互成全的制度安排。我们可以这样理解这种制度化渠道：如果将发展权能理解为党建引领下基层治理的制度化设计，这可以比喻成"构建朝向美好生活的跑道"，那么治理权能可看作群众在这一跑道上朝向美好生活有秩序地奔跑。

二、为西部乡村充"发展权能"

（一）通过加强区域化组织建设，破行政边界限制，整合资源促发展

首先，发挥党组织的组织优势，以产业合作单元整合行政单元，形成基层的发展权能单元。如为适应产业的规模化发展需要，将三会村与相邻的双树村、马虹村组建为三会现代农业园区，并成立园区党委，将组织引领首要聚焦在产业发展上。与此同时，通过探索将原有三个村党支部，合并成两个新型农村社区党支部，依托聚居点和自然院落组建 4 个庭院党小组，初步形成"园区党委+社区支部+庭院党小组"的党组织全覆盖的制度安排，构建起由村民（代表）大会、村民委员会、村务监督委员会、村级群团组织组成的各司其职、共同参与乡村治理的组织网络体系。而岫云村则采取支部书记主外、村主任及其他干部主内的分工模式，即支部书记主要在村外整合资源，打通农产品的销售市场，村主任及其他村干部在村内构建治理秩序的分工模式。

其次，探索实施"双联双挂"，实现村企共赢。在引进工商资本发展产业的同时，让支委干部兼任企业副职，并代表村民参与和监督企业经营管理，确保群众利益不受损；同时企业副职兼任村党支部副书记，保证土地流转、地企矛盾等问题的协调处理。

再次，推行民主协商，强化组织引领下的村民参与发展。不定期组织第一书记、村干部和帮扶工作队成员讨论帮扶规划、产业发展、培训基地建设等重大事项，对所研究决定事宜进行项目分工，落实责任清单。

最后，实施聚焦党员提能的办法，强化党员培养。邀请省、市、县涉农单位专家开展农业科技知识、产业发展技术等专题讲座，提高党员致富能力；实施党员精准扶贫示范项目，引导贫困党员发展猕猴桃、雪莲果等特色产业，充分发挥党员"双带"作用；对留守无职党员设岗定责，设置政策宣传、纠纷调解、新风倡导、扶贫帮困等岗位，提升无职党员参与发展与治理的能力。

总之，乡镇可根据发展需要，以成立区域化党委的方式，将产业相似的村整合进产业单元，成立村以上的大党委，把握发展方向，着力在发展权能扩充上。

（二）项目以行政村为单元，为自治组织治理权能扩充保驾护航

农村税费改革以后，国家与乡村的关系由"汲取"转向"输入"，也即由"出"转"进"，而项目制成为税费改革后连接国家与乡村基层的替代机制。那么项目制在西部地区是否能有效助力村庄自治组织获得治理权能，从而帮助乡村内部构建新的村庄秩序呢？基于同村民的访谈，我们认为以行政村为单元实施各类发展型项目，是夯实行政单元内自治组织治理权能的重要手段。这表现为：其一，项目带来与村中个体利益息息相关的公共事务，在公共事务的执行过程中，乡村居民的公共性与公共意识逐渐形成，进而乡村公共秩序通过公共事务推动而逐渐形成；其二，以行政村为边界的公共事务更容易让行政村内的居民产生村庄公共归属感，增强村庄内部凝聚力；其三，在百姓看来，项目的获得，与村庄的发展密切相关，如果村庄发展带来项目增多，那么党组织的基层权威则更加夯实。

（三）以良性治理秩序为保障，为发展"后院"稳定奠定基础

乡村良序善治达成后，可转化成促进乡村发展的动能，进而促进乡村发展权能提升。通过党建抓联合生产，居民自治的部分就回到了自治单元。在尊重传统的土地边界、行政边界、文化共同体边界的基础上，乡村

可充分运用自治技术促进乡村治理。

三、为乡村充"治理权能"

（一）以发展护治理，夯实村级自治组织权威

通过基层党组织引领，进一步激发村与村之间、村庄内部的资源互补（集体经济）、管理互补、产治互补（产业发展与治理有序），以发展促治理的方式夯实村级组织的权威性。

一是以发展获得治理资金，保障公共事务。在行政村，建立村集体经济转化为治理资源机制。以三会村为例，乡镇内的三个行政村以村集体的名义入股三会园区经济体，并将各村集体经济以分红的方式获得的集体经济收益，转变为三会村的公共治理资金。

二是围绕产业党委，形成严密的组织网络。如前所述，三个行政村初步形成了"园区党委+社区支部+庭院党小组"的党组织全覆盖的制度安排，构建起由村民（代表）大会、村民委员会、村务监督委员会、村级群团组织组成的各司其职、共同参与乡村治理的组织网络体系。

三是在村社内部，完善了各类治理制度，形成了《村级组织运行规则》《社区干部管理办法》等规章制度，完善了村规民约。

四是形成了正反双向的激励机制。实施"有责任脱贫奔康"考核，如三会村对全村所有建档立卡贫困户和一般户实施脱贫奔康责任考核，对年度考评排位靠前的，直接给予现金奖励，并在帮扶措施、务工安排、公益岗位等方面给予倾斜，对排位靠后且属于自身不努力等主观原因的，通过群众大会、乡村大喇叭等进行公开通报批评。如2017年三会村评选出"脱贫奔康先进个人"32名、通报批评村民9名。

五是评选先进模范，树立文明新风标兵。如三会村每年都会进行"十星文明户""五好家庭"等荣誉的评选，每年评定好村民、好丈夫、好媳妇、好学生等"三会好人"30名，对助人为乐、见义勇为、诚实守信、敬业奉献、孝老爱亲的先进模范进行公开表扬，强化了对好习惯、好风气养成的正面引导。

（二）法治德治结合，软硬兼施巩固治理成效

在法治、德治结合方面，C县的典型村庄形成了一些具有创新意义，软硬兼施的治理方法。

一是以发展资源反馈德治治理。C县出台《村民自治积分制管理办

法》，实行志愿服务积分制，主要以集体经济收益进行奖励。C 县要求志愿服务要坚持定期服务、重点服务与临时服务相结合，坚持干部率先垂范、党员示范带头相结合，通过组团、整队、个体的形式开展志愿服务活动，以服务时间为单位，根据服务类别设计分值，年底计算总得分作为党员考核评优、兑换实物的依据，增强了党员志愿服务积极性，提升了群众获得感，融洽了党群、干群关系。积分制的意义不仅在于奖励先进，还在于通过示范评比、激励各村庄形成道德秩序与行为规范。

二是以利益连接约束德治治理。如岫云村在已经建立起村组织与普通居民较强的利益连接基础上，出台了"岫云村十条村规"，规定以户为单位遵守村规，若出现违反规定中任意一条，经两委及所在小组组长和群众代表核实将其列入"黑名单"，在村集体利益分配方面获得惩罚。

三是通过乡贤营造、能人倡导进行德治治理。如将军村发动村中有较高声望的乡贤能人做出垂范，带领村民营造村庄良好环境，形成了村庄较好的田野居家风貌。

（三）激活能人动力，建多元能人激励机制

在西部乡村治理中，人力资源既是核心更是关键。C 县经验表明可从如下几个方面发力，以吸引有知识、有能力的能人来到乡村参与治理。

一是打通高学历年轻村干部的体制内晋升渠道，高学历村干部表现优秀者可直接提拔到乡镇做副科级干部（副镇长居多）。

二是鼓励对村干部的激励。如三会村推行"三星"干部评选制度，激发干部做事的激情。根据村组干部每周工作质量评选"每周一星"，常态化开展年度"创业带富之星""突出贡献之星"评定工作，并拿出集体经济纯收入的20%进行奖励，同时成立干部关爱基金，用于退职村组干部的补贴发放、健康体检、临时救助等。

三是村中的发展资源优先向村干部供给。比如通过兼任农业或农村合作社负责人的方式，带领农村合作社建市场、建规则（农产品标准化、农村合作社收益分配规则等），规定村中的带头人、能人按照贡献大小优先获益。

第四节 以"两权"合治促进乡村治理各项工作"实化"

在西部地区的乡村治理中,发展权能与治理权能的建设应落到实处,需要多元治理主体做出分工协作,站在治理有效的立场上,审视发展权能与治理权能相互成全的制度化建设路径。就 C 县经验而言,需要做到如下四个"实化"。

一、实化基层组织,关键在党组织一心带领群众谋发展

在中国的西部地区,基于发展与治理双"弱"的现实,需要以农村基层党组织建设为主线,强化党组织的凝聚力,形成以村党组织为核心、村自治组织为基础、村集体经济组织为纽带、村自愿性组织为支撑、专业性社会组织为补充的现代乡村组织体系,从而实现"党建引领、自治为基、法治为本、德治为先"的现代乡村社会善治格局。实化基层组织的组织力、协调力,尤其是发挥党组织协调基层自治组织、企业组织、社会组织在基层治理中的互动互助、互补互促的功能,关键在于党组织一心带领群众谋发展,在治理主体的分工上,党组织应更多聚焦在扩充乡村治理的发展权能上。

具体而言,一是对外发挥党组织的整合力与动员力,做实区域化党建、整合村外资源和市场资源,特别在整合提升土地等生产性资源的资本含量、聚合社会资本投资、找准和不断扩展农产品市场等方面有所作为。二是对内顺应乡村治理的要求,通过建立发展资源向治理资源的反馈机制,探索"党建+民生项目"的办法给基层组织赋权增能。通过建立"项目化"的运作机制,在项目实施中凝聚组织力,在项目实施中赢得民心,做实党建引领品牌。

二、实化乡村自治,关键在形成正反约束有效的治理权

自治组织在获得了治理资源后,依靠基层党组织的引领,完全有能力构建起良性有活力的乡村治理秩序。

一方面,当向基层组织充分赋权,在民政系统已有的资源基础上,结合村庄经济发展反馈的治理资源和政府购买服务的项目资源,围绕农村居

家养老、留守老人（儿童）关爱、社会救助政策落实、残疾人关怀、传统节日文化活动开展、种植养殖技术支持等方面来包装设计项目。将政府购买服务群众的项目直接交由村级党组织和基层群众性自治组织实施，赋予村级组织更大自主权，切实保障其实实在在的资源调动能力，着力破解村级组织的工作困局。另一方面，应充分结合法治与德治，形成一系列刚柔并济，既能促进百姓发展，又能约束百姓行为的制度安排与制度设计，如形成操作可行的《村级组织运行规则》《社区干部管理办法》《村民自治积分制管理办法》、村规民约等制度安排，并将这些制度放置在全体村民监督下公平公正运行。

三、实化人才建设，关键在创造与城市等价的激励机制

只讲奉献、讲情怀，却没有匹配与城市发展等价的人才激励机制，西部地区乡村治理的人才建设便是一句空话。对乡镇领导班子和乡村治理带头能人队伍的建设，需要更加积极、更加开放、更加有效的人才政策。应当大力开展乡村干部的能力培训和后备人才培养，切实落实乡村干部待遇；积极提升基层干部的现代治理意识，树立乡村治理、协同治理、多元治理的理念；提升乡村干部的服务意识和服务能力，将干群的"鱼水关系"生动具体地体现在乡村干部对普通村民的服务上，以巩固党的执政根基。

四、实化基层服务，关键在形成发展与治理的互助机制

在西部地区，依靠各级财政形成对乡村治理的资源保障并不现实。以四川省为例，目前只有成都市能够保障每个乡村获得平均40万元的社区保障资金。这缘于自2003年多年的社区营造与乡村治理工作的结果。除成都外，四川其他地区的乡村用于公共服务的社区资金只有3万元~5万元。一方面，若没有资金保障实化基层公共服务便是空话；另一方面，在乡村发展水平较为落后的情况下，输血式的治理资源投入，对于形成有活力的乡村治理秩序杯水车薪。C县经验表明，治理水平较高的乡村，往往是发展活力充分、发展资源盘活、发展对治理形成了有效的资源反馈的乡村。而乡村治理有序又会反作用于乡村发展，促进乡村的发展根基更稳固。因此，应在乡村建立起发展与治理的相互成全机制，乡村的多元治理主体在发展权能与治理权能中做出侧重与分工，通过"两权"合治的方式，促进

彼此互依互联，构建共建共治共享的基层治理共同体。

具体而言，党组织当发挥整合优势、动员优势与灵活优势，重点聚焦发展权能，通过发展权能的扩充，获得并实化党组织在基层各治理主体与广大百姓中的声望。行政村作为自治组织，聚焦内部治理权能，通过制定公平分配发展收益反馈给治理的制度安排，结合党组织在引领扩充发展权能过程中所积累起的治理权威，形成以党建引领、三治融合发展的村级治理秩序。这一治理秩序的形成对普通百姓的良性整合与利益动员有重大作用，从而进一步巩固发展权能的不断扩展。由此构成"两权"合治的内在逻辑。

第八章　县域治理中的居民小区治理探索

小区治理是县域治理的基础单元，也是建立基层治理共同体的具体建设单元。如何通过治理资源的整合与分配，促进小区治理在秩序与活力方面互助互促，是县域重要的治理目标。如何在实践层面，通过治理方式的探索，令治理绩效日渐达成？在本章中，我们将呈现两个小区治理的案例。

第一节　F街道洪湖小区的治理案例

洪湖小区（化名），隶属于成都市X区F街道。如前文所述，F街道是成都市由特大城市向超大城市快速转变时期的极佳历史见证区域。这表现为，一是经济水平快速提高，而社会矛盾却不断出现；二是城镇化水平快速提高，而"半城市化"特征却愈发明显。因F街道的基层治理面临更尖锐、更集中、更典型的社会矛盾，所以对该区域基层治理的破题与实验，以及内在行动逻辑与成效的解剖分析，可为我国中西部超大城市的基层治理提供一个参考样本。

一、制约与挑战：县域视域下的居民小区治理新问题

自20世纪90年代"单位制"解体后，"街-居制"成为我国城市基层社会的整合机制。条块之下，几乎所有的行政指令会落地街道并延伸到社区乃至小区，街道与社区既需要完成上级交派的各项任务，又需要树立党的基层组织和服务型政府的窗口形象，从而巩固党政民心，而基层的自治单元似乎延伸到了居民小区。要实现党领导下的政府治理和社会调节、居

民自治良性互动，首先需要对基层治理面临的问题进行新识别。当前基层治理正面临五个具体困局亟待破解，而 F 街道对洪湖小区的治理便是从这五个方面具体着手的。

（一）"城市扩张"与"阵地悬浮"：基层党建模式亟需夯实

超大城市发展的特征之一是城市扩张，而扩张给基层治理带来的困局是党的基层阵地不可避免的"悬浮化"，令部分地区的基层阵地有形而无核。这一过程中，城市形态日新月异，治理主体和治理对象多元复杂，各类新老问题不断涌现、混合交织。老旧院落治理、旧城改造、征地拆迁、大量人口流入、不同类型商品楼盘进驻、居住分区与社会分化等治理问题出现。传统基层党组织建制格局遭遇挑战，社区党组织服务群众、凝聚人心、促进和谐的战斗堡垒作用被商住小区、老旧院落、驻区单位等分割、悬置，不仅鞭长莫及，还难以进入一些商住小区，于是造成基层阵地悬浮化。因此基层党建工作亟需新思路，基层党建从模式到路径都亟待新延展。由于 F 街道地处城乡接合地区，城市扩张令同一社区的治理主体和治理对象都变得多元复杂，党在社区层面的基层阵地的传统设置方式，对 F 街道而言，"悬浮化"比较明显。

（二）政府治理与居民自治：政社互动关系亟需新平衡

我国的基层治理按照两条基本线索执行，一是党的领导与政府治理，二是社会调节与居民自治，两条线索之间的良性互动是基层治理的核心目标。

党组织的阵地建设既要有效落地以增强党在社区建设中的政治辐射力、影响力和渗透力，又要保证社会有足够的自组织和自我发展空间，这样社会才得以有效激活、居民自治才能有序运转。在超大城市：一来，党组织阵地建设有效落地的路径和有效激活社会自治的路径有待进一步探索；二来，党的领导、政府治理同社会调节、居民自治的互动平衡关系往往难以精准把握。有的时候地方党政力量弱而社会自治力量强，表现为群众自发组织很容易建立，形成伸张利益诉求的激进式表达，与党委政府形成对抗关系；而有的时候地方党政力量强而社会自治力量弱，群众"等、靠、要"思想意识十分强烈，还有些地区上述问题混合出现，令基层治理困难重重。建立有效的基层治理机制，形成党政引领与居民自治的良性互动关系，进而令政社关系达成新平衡，是新时代基层社会治理亟待破解的课题。F 街道辖区内治理单元多元多样、政社互动"失灵"现象在各类小区中均有出现，因此探索政社良性互动关系的机制，是 F 街道基层治理的现实诉求。

（三）"归属诉求"与公共缺失：群众公共关联亟需新纽带

人喜群居，具有公共性诉求，而群众则对公共组织有天然的归属诉求。在基层治理中，群众与公共组织之间是否形成互依互存的公共链接，是基层治理的重要内容。自"单位制"解体后，"街居制"成为连接个体与公共的制度安排，但其却无法延续单位制时的"强关联"。在超大城市，社区还面临悬空化、行政化的困局，这令普通群众与公共组织之间的距离越来越远。表现为，除了必要的盖章和开证明外，群众和社区居委会几乎没有关联。传统意义上，群众遇到困难，找社区居委会出面协调解决困难的意识正逐渐消解，基层"组织缺位"的状况正在形成。而与此同时，虽然物业公司、业委会填补了群众对公共归属诉求的空白，但物业公司、业委会的市场属性不允许其供给除购买服务以外的公共物品，且部分公共事务，物业公司对其也没有处理权限，这注定了物业公司不能满足广大群众的全部公共诉求。而业委会在市场竞争中存在脆弱性，基层"物业—业委会—群众"之间容易产生矛盾成为当代基层治理的痼疾。其根本原因在于基层的"组织缺位"。新时代的基层治理当重建个体与公共之间的鱼水关联，在市场与自治之外，建立起群众与国家治理的公共关联新纽带。

（四）"条块治理"与"资源分割"：资源整合新机制亟须建立

随着城乡社区治理成为国家的核心关切，各部门、各口径项目资源大量落地基层，基层治理与城乡社区建设迎来前所未有的发展机遇期。然而，受限于"条块治理"的体制困局和过往基层工作者的工作惯性，基层往往难以整合使用各类资源，造成资源分割。在超大城市，基层一方面先把项目资源拿到手，"撒胡椒面""批大做小"等项目落实不到位的现象时有发生；另一方面同一热点工作领域可能被不同部门同时关注、同时投放资源，而不同口径资源落地一处，容易造成一定程度的资源重复利用与浪费现象。上述这些问题，与满足人民群众不断增长的对美好生活向往的诉求不相匹配，不断削弱着人民群众的获得感、幸福感。新时代的基层工作亟待坚持以人民群众为导向，创新建立新机制，令相对固化的条块资源在基层治理新机制中实现"归位"、增能、落地和效益最大化。

（五）"公信不足"与"群体分化"：社区新社会资本亟待凝聚

社会信任度低，是当前特大城市基层治理亟待破解的又一难题。而群众对基层政府、社区居委会、物业公司、业主委员会等公共组织的普遍信任度低下是基层治理的困中之困、难中之难。群体分化，是当前特大城市基层社区的普遍状态。随着房地产业快速发展，在过去因小区档次不同而形成的居住分区与阶层分化格局基础上，同一小区内的居住群体也正在分化。以 F 街道洪湖小区为例，总 2 991 户中，出租户占 438 户，总12 100人口中，户籍人口仅 1 314 人，常住人口 7 879 人，流动人口2 907人，初中及以下学历人口占 51.3%，同一小区内，居民结构成分十分复杂、群体分化特征明显。不论是社会信任还是群体分化，重建社区社会资本都是一条重要的破解路径。新时代基层党委政府当以重新凝聚社区社会资本为重要工作目标，形成夯实党政公信、凝聚民心、弥合群体分化，社区人人共享受益的社区社会资本的新格局。

二、做法与经验

X 区 F 街道以洪湖小区为试点，针对基层治理面临的上述五个困局，探索以居住小区为治理单元的治理形式，试图探索破解上述难题的做法与经验。

（一）以"凝聚党员"为突破口，探索基层党建落地落实路径

超大城市扩张，基层党组织建设难以落地落实，是基层治理亟待破解的首要难题。为了接续超大城市组织阵地最后一公里，推进基层党建落地落实，找准操作路径十分关键。洪湖小区的实验表明，以夯实基层阵地为本位，以契合党员的组织归属诉求为切入点，基层党建工作更易落地落实，具体操作办法为：

一是花大气力找回散落的小区流动党员，凝聚党员力量。无论在岗位上，还是在生活中，党员同志普遍有发挥先锋模范带头作用的诉求。但在特大城市，社区和小区内的党员被人口流动所隐藏，无职党员因在社区缺乏组织，其先进性得不到有效发挥，党员存在感逐渐被消解。因此凝聚基层党建力量，找回散落的流动党员是第一步。从 2017 年 4 月开始，F 街道党工委统一安排部署，通过近 3 个月的不断努力，深入洪湖小区开展拉网式"双找双发动"活动，共计找回小区流动党员 110 名，这 110 名党员成为了在该小区落实党建的成员基础。二是重塑小区党员"存在感"，全面激活小区流动党员的组织归属感。找回党员后，便需要将党员同志团结到组织周围，重塑党员在小区内的身份存在感。为此，街道党工委及小区所属社区支部干部先后 40 余次深入党员家中，召开集中座谈会 6 次，发动 13 名党员将党组织关系转到社区，并在条件成熟时（2017 年 7 月 27 日）成立洪湖小区党支部，由社区代管。接着，创新组织活动，将组织活动同小区治理密切关联，通过定期召开"730 夜话"，组织党员在小区中的各类自治性公共事务、矛盾纠纷中积极发声，组织党员志愿者队伍参与到小区矛盾纠纷化解、业委会换届筹备、安全巡防、法律宣传等工作中去。经由这一过程，小区党员身份"存在感"不断强化，组织归属感不断激活，党组织阵地根基得以夯实。三是提高组织站位，形成"网络中心"。小区以联席会议为依托，建立起小区组织网络的整合机制。而小区支部在组织网络中发挥着"团结、引领、整合"之组织网络中心位置的核心作用。通过小区党组织团结、引领与整合，打破小区内"业委会-物业管理公司"双组织运行的格局。通过找到小区党员来凝聚人力，通过强化党员"参与自治"激活组织归属感来凝聚人心，通过组织建制和规范运行制度（党支部下设党小组，建立小区党代表制度，党代表分布在物业公司、业委会、监事会、社会组织等各个层面）形成党组织与小区治理密切结合的制度安排，最终实现党组织在小区治理中的核心引领。四是将组织角色定位为"赋权者"。在组织网络中，小区党组织是"赋权者"与"协调者"。在自治的范畴下，小区党组织充当协调角色，协调各类组织明晰权、责、利，并在行动层面对各类组织进行"赋权"，而小区党组织通过在小区协调组织资源、平衡组织利益、仲裁组织矛盾等而获得权威。

（二）以协商对话为突破口，引导基层政社良性互动

如何既实现基层党政组织有效下沉，又实现小区自治的有序发展，且二者之间形成良性互动，是新时代基层治理亟待破解的治理路径难题。坚持党组织的引领下，慎重选择破冰路径，一切工作以搭建运行有效的多方协商机制为核心，分三阶段搭建多方协商机制。三阶段具体为：

第一阶段：探索机制——打根基，建立群众协商平台。因小区在过去积累了较多社会矛盾，一直缺乏群众利益表达渠道，街道党工委则借力社会组织，建立起群众对话的"公共空间"。在街道党工委的组织协调下，"向日葵""幸福家"等社会组织相继进驻洪湖小区，开展了"粽情端午、和谐红湖""七一""八一""雏鹰行动""庆国庆·迎中秋"联谊会等一系列带有"公共参与性"的文化活动 30 余场。经由这一过程，小区公共活动与公共话题被激活、"公共空间"被建立，并被小区居民普遍认同。

"初级"的群众协商平台得以建立。

第二阶段：形成机制——除矛盾，建立组织协商平台。当小区的公共性被激活之后，党政主导下，自组织自我解决矛盾的"组织"协商对话机制顺势建立。"洪湖小区"的经验表明，当群众协商机制建立但自治尚未成熟时，确立以党组织为核心的协调机构，搭建协商平台，全面组织并调控小区各组织的工作开展，促进业委会、物业公司、社会组织合作互动，在上级党组织指导下，由小区党组织协调、平衡各组织责权，是这一阶段的有效做法。一是建立了联席会议机制。小区构建了以党组织为核心，各方参与的"小区综合管理联席会议制度"，发挥传达政策、商议小区治理事务等作用。二是进一步健全联防联控机制。整合"党支部+物业公司+红袖套"力量，强化治安防控，切实提升小区平安建设水平。

第三阶段：优化机制——促善治，建立自治协商平台。在小区新一届业委会成立，小区自治趋于成熟后，小区党组织则向各组织全面赋权，指导自治组织搭建自治协商平台，通过进一步健全月度协商会议制度，完善了自治协商平台的制度建设。此时，党组织在整个小区组织构建中，处于由点及线、由线成网的网络中心位置，能够退居后台、把握全局。

（三）重视群众归属，强化个体与公共的组织关联

如前所述，如何重建特大城市基层治理中个体与公共之间的鱼水关联，形成群众与国家治理的公共关联新纽带，是亟待破解的难题。洪湖小区的经验表明，服务落地小区，是强化个体与公共组织关联的有效方法。具体而言：

一是成立小区工作站，延展公共行政管理与服务的半径。为实现个体和公共的重新连接，F街道尝试在洪湖小区创新建立小区工作站，令社区行政管理延伸下沉至小区，协助社区开展公共服务工作和公益事业，为居民提供一站式服务，同时接受业主委员会和监督委员会的意见和建议，监督并指导物业公司日常工作，为社会组织、群众自组织提供场所，并整合小区资源。经由这一过程，一方面，群众"遇事找工作站"的个体与公共的组织关联重新建立，党政的群众基础得以夯实；另一方面，以由党支部领导下的小区工作站协调整合小区资源，规范居民参与，更易保障群众自治空间。二是完善小区治理结构、建立制度体系，为工作站运转保驾护航。首先，为了避免"只挂牌"唱"空城计"，洪湖小区工作站形成了体系完整、结构清晰的治理体系，下设纠纷调解室、网格员工作室、便民服

务站、社会组织工作站、小区警务室和党群活动中心等（简称"三室两站一中心"），这令前文所述的"小区综合管理联席会议制度""党支部+物业公司+红袖套"联防联控机制、小区综合执法机制等协同治理制度有了实施平台；其次，将60余项社区职能切实下沉到小区工作站，以保证工作站的实际落地和持续运转；最后，建立了三级网格员机制，以保证小区工作站的人员配备。

（四）放大平台效应，撬动基层条块资源有机整合

如何打破"条块治理"的体制限制，令各类资源在基层实现整合，是基层治理亟待破解的难题。洪湖小区的实践经验表明，放大基层组织的平台效应，以建立工作机制的方式，有机串联"条块资源"，令相对刚性的"条块资源"有机嵌入弹性的工作机制中，共同服务于基层治理。如F街道在洪湖小区实验的"三级网格员"机制。

一是巧妙整合资源，建立三级网格员工作体系。在将社区职能落地小区的过程中，在不增加社区负担的前提下，如何保障小区工作站有配备齐全的工作人员，令工作站得以持续运转，是街道需要面对的一大挑战。F街道通过整合政法、民政与街道的相关项目资源，构建起"小区工作站—网格员—楼栋长"小区网格体系，形成了三级网格员管理制度，实现了对资源的巧妙整合。具体而言，首先，通过落实政法系统的网格员工作指令，在小区工作站下设的网格员工作室配备一级网格员4人（含1名网格长）；其次，同民政系统对居民小组长的支持相结合，确立二级网格员（居民小组长）6名；再次，在街道的工作经费中计划列支并支持三级网格员（楼栋长）24名，同时在便民服务站配备2名代办员。街道层面出台《小区三级网格员工作职责》等相关文件，明确三级网格员的工作职责与工作边界，最终三级网格员制度建立，小区工作站工作人员的配备难题得以解决。二是建立三级网格员的动态流动机制。除一级网格员基本固定外，街道从巩固基层政权、发掘自治精英的角度出发，将二级网格员选拔同村民自治中村民小组长选举办法相结合，并建立二级网格员和三级网格员的动态流动机制，鼓励三级网格员参与竞选二级网格员，而二级网格员需要接受群众的选举（小组长选举），获得公信后方能保住职位。经由这一过程，一方面小区工作站的各项工作有机地嵌入到"条块部门"安排的各项工作中，小区工作站得以有效运转；另一方面群众的自治性也在这一平台上被充分发挥，令群众自治更具活力。三是开展了全面的入户普查，

小区综合数据库发挥了治理大功效。依托三级网格员的工作开展，小区工作站完成了对洪湖小区 3 000 余人次定期入户走访、设点收集等，有效甄别居民需求 700 余条。建立起小区实有人口综合数据库，摸清"重点人员"数据，切实弄清了小区人员基本信息，小区工作站的治理功效正迅速显现出来。

（五）弥合社区分化，重建社会资本与社区生活共同体

社区中的群体分化促使阶层分化，加重社区融合难度，这是基层治理亟待破解的结构性难题。洪湖小区的实践经验表明，重建社区社会资本从而重建社区生活共同体，是弥合社区分化的有效路径。具体而言：

一是通过各种方式重建社区社会资本，使得每一位小区居民都能共享社会资本释放红利。通过对小区精细化管理、精准化服务，让小区不同群体，特别是弱势群体能真切受益；通过小区微信群的建立，形成街道党工委、社区党支部、小区党支部、自治组织、社会组织、物业、业委会、群众共商共治共享、相互帮扶、服务快速响应的平台机制；通过打造洪湖小区品牌，树立小区居民的集体荣誉感，一方面强化小区社会资本满足个体精神诉求的功能达成，另一方面通过集体荣誉弥合小区的群体分化。二是打破"唯户籍论"，营造"F 街道共同体"文化氛围。洪湖小区外来人口占总人口的 90%，流动人口比例较高，在 F 街道大力弘扬"来了就是 F 街道人""吾身安处是家乡"的文化内涵下，小区治理特别强调消除群体间的隔阂，以更多的善意和更大的包容心对待我们的新居民，通过各类文化活动，营造氛围，引导居民树立共同体意识，强化他们对 F 街道共同体的归属感和认同感，增强其共建共享和谐宜居社区的精神动力。

三、启示

X 区 F 街道在洪湖小区的试点实验，探索以居住小区为治理单元的治理方式以破解五大挑战的具体实践，可对县域如何指导小区治理形成如下五点启示。

（一）基层党建是否有效，关键聚焦基层组织建设

在超大城市基层治理中，构建以党组织为核心的区域化组织架构，充分发挥基层党组织的引领作用、政治功能和服务功能的诉求十分迫切。关键在于令党建工作在基层落地落实，破解基层组织空壳化、党建活力不足、党员干部队伍后劲不足、干部宗旨意识不强的难题。洪湖小区的实验

表明，基层党建是否有效，关键是聚焦基层组织的建设路径。在洪湖小区，首先以"找回党员"夯实基层党组织人力基础，其次以充分赋予党员"存在感"夯实基层党组织的组织基础，再次以成立党支部强化党支部治理工作的密切关联为抓手，确保党组织在基层治理中的作用落到实处。经由这一过程，基层党组织成为了动员党员、团结党员、发挥党员作用的组织力量，党组织教育群众、宣传群众、组织群众、服务群众的坚强战斗堡垒作用得以发挥，党组织协调多方利益关系、化解重大矛盾纠纷、引领社区居民自治、统筹调配社区各类资源的功能得到落实。

（二）政社关系是否平衡，关键聚焦协商平台建设

在超大城市基层治理中，"党政引领"与"居民自治"两条治理线索需达到互动平衡，以令党政、社区居民各归其位、各担其责。洪湖小区的实验表明，政社关系是否平衡，关键在于聚焦对协商平台的建设。洪湖小区坚持了"一核多元、共治共享"的基层治理机制，更加注重党组织为核心、政府主导、社会参与、居民自治，各主体有同等机会"出场亮相"。以党组织为核心并不意味着党组织始终冲锋在前，政府主导也并不意味着政府统揽一切，应当保持开放性，以实现有序治理、政社良性互动为目标，探索多样化的治理模式。在洪湖小区，治理的破冰之旅是由两个社会组织开启的。社会组织的贡献在于，在保证党组织的核心引领基础之上，小区公共空间得以充分使用，小区协商平台的搭建水到渠成、事半功倍，"一核多元"的治理体系更快、更准、更牢地在洪湖小区落地生根。

（三）群众归属是否形成，关键聚焦公共关系建设

在超大城市基层治理中，个体与公共之间关联疏离的格局亟待转变。洪湖小区经验表明，成立小区工作站，形成相应的运行与保障机制，可作为重建个体与公共之间的组织关联，夯实基层执政基础的一种有效路径。一来，成立小区工作站，可延展公共行政管理与服务的半径，打通公共服务的最后一公里，重建个体与公共的密切关联；二来，洪湖小区的经验显示，通过一系列制度建设与机制设计，成立小区工作站不仅不会增加额外的人员配备与工作事务，反而能实现对社区的切实减负；三来，在小区设立工作站可对物业管理公司与业委会的工作形成监管，是破解当下由物业管理公司和业委会所引发的社会矛盾的一种有效方式。

（四）基层资源是否整合，关键聚焦工作机制创新

在超大城市基层治理中，"条块治理"的资源限制亟待被打破。洪湖

小区的经验表明，基层组织通过建立工作机制，放大平台效应，实现对条块资源在基层治理中的有机整合。对于基层工作者而言，首先要打破"执行者"意识，树立"能动者"自觉，将创新作为破解基层治理困局、砥砺前行的首要能动力量，以服务于基层治理为导向，为刚性的条块资源搭建起弹性的、可嵌入其中的工作灵活机制；其次要树立"小区资源在小区"的意识自觉，创新工作机制，整合社区资源为社区治理服务。

（五）社区共同体是否重建，关键聚焦社会资本建设

在超大城市基层治理中，群体分化与共同体消解趋势亟需被阻止。洪湖小区的经验表明，具有社区社会资本意义的文化建设是重建社区共同体的关键。一是通过各种方式重建社区社会资本，实现每一小区居民都能共享社会资本释放红利。二是要打破"唯户籍论"，营造"F街道共同体"文化氛围，引导居民树立共同体意识，强化其对F街道共同体的归属感和认同感。通过增强集体荣誉的方式可弥合小区的群体分化，形成社区共同体。

第二节　从"内村外城"到"村城一体"：农民集中安置区的"均衡治理"工作法

X街道T社区M小区，始建于2003年，是成都市北编组站项目的一个自建安置点，面积约150亩，安置居民涉及5个村（社）居民共390户，常住人口1 200余人，是城市化进程中，大城市周边十分典型的农民集中安置自建小区，集合了农民集中安置区的诸多典型治理矛盾。

一、问题解剖：农民集中安置小区治理的核心矛盾

作为拥有20年历史的农民集中安置区，M小区治理存在十大乱象：一是没有小区党组织，党建引领作用发挥不够；二是没有专业化物管，日常管理和服务缺位；三是没有业委会，居民自治严重缺失；四是违章建筑堵塞公共消防通道，消防隐患严重；五是小区供气管道埋设于消防通道地下，2022年11月以来已发生3起燃气管道漏气事故；六是污水管道老化

淤塞，废水外溢和雨季内涝问题频发；七是外立面破损，"小三线"① 私拉乱接；八是小区内循环交通秩序混乱，无停车场、停车位；九是缺少绿化和公共空间，公共服务供给不足；十是各种社会矛盾多发频发，信访问题突出，群众迫切渴望对小区进行全面改造。

研判 M 小区的十大乱象，其背后隐藏着超大城市农民集中安置区治理的关键矛盾之一，即"内村外城"。即在同一社区之内，小区内外呈现出"两个世界，双重天"，成为"社区孤岛"乃至"城市孤岛"。具体表现在三个方面：一是小区空间形态上呈"内乱外序"之态，基础公共服务水平严重不足，小区以内"脏、乱、差"且空间治理无序，小区以外城市化水平高、空间治理秩序井然。二是小区治理体系上呈"内弱外强"之态，小区内既缺乏组织统领、被五个行政村分割、公共空间少，又有超过一半居民为流动人口，商业形态居多、人员复杂、居民团结度差。与之相反，小区以外的社区空间组织体系健全、公共空间美好、居民团结度高。三是小区居民感受上呈现"内愁外喜"之态。上述种种，削弱着小区居民的城市归属感，居民间信任度低，共建共治共享的"共同体"意识水平弱，居民愁容多过欢喜。

二、治理施策：以小区居民"村城一体"共享城市发展为目标

我们将让生活在农民集中安置区中每一位小区居民将生活体验与本地城市化水平达至均衡，小区居民无差别地共享城市公共服务、无差别地参与基层治理、无差别地享有建设城市获得感作为治理绩效，将 M 小区的治理目标定位为：通过分步骤、精细化的治理施略，扭转农民集中安置区"内村外城"的治理格局，让居民从"村内"的"我群、孤岛"走出，转变成生活在城市中的"普通市民"，形成"来到 X 区即一家"的城市生活意识，平等、公平、均衡地共享城市发展成果。

经过实践探索，农民集中安置区"均衡治理"的工作法得以形成，具体如下：

（一）建组织体系、植入基础公共服务，以夯实治理底盘

组织建设与公共服务是夯实基层治理的"法宝"，也是基层治理"大厦"的底部根基。M 小区治理的第一阶，以夯实治理底盘为目标，分别从

---

① 指市政小三线：给水管道、电力通道、电信管道、中压燃气管线、道路照明。

组织体系建设与基础公共服务两个方面补齐短板，作为转变"内村外城"格局的硬件破题施策。

一是建强小区组织体系，发挥党建引领作用。探索建立"区域大党委+社区党组织+两新党组织+小区党组织"的"四合一"片区治理模式，形成党建多方参与的大党建格局。填补小区党建空白，建立了小区综合党支部，统合了原五个社区的力量，以党建引领为抓手、以党员带头为先锋，通过"三联+"推动党员在小区直接联系服务群众，延伸基层党建触角，并制定小区居民公约。同时，建立了小区自治组织、志愿者服务队、商家联盟、流动人口之家等业缘与趣缘组织，并初步形成了"社区党委—小区党支部—小区自治组织—各类社会组织"的四级组织架构，转变了 M 小区组织架构上的"内村外城"。

二是下大气力补齐基础公共服务短板。实施了三大攻坚行动："违建拆除攻坚行动"，针对小区 9 条消防通道全部被自建户违章搭建房屋占用的实际，共拆除违章建筑 1.3 万平方米。拆违工作得到了居民的理解、配合与支持，全过程实现了"0 投诉""0 信访"。"燃气管网改造行动"，针对违章建筑占压供气管道、燃气闪爆隐患严重的实际，组织开展燃气管网改造行动，委托专业燃气公司对已超出使用年限和存在隐患的管道进行更换。"雨污管网升级行动"，针对污水管网老化淤塞、小区废水外溢和雨季内涝问题频发的实际，X 街道多次与区水务局等相关部门协调沟通，共同研究制定小区雨季内涝解决方案，改造升级小区污水管网，实现雨水和污水分流。这三大攻坚行动，转变了 M 小区空间形态上的"内村外城"。

（二）建空间阵地、植入公共事务决策机制，以形塑公共团结

公共空间与小区内部公共事务集体决策，是基层治理保持自治活力的"利器"，也是基层治理打破一盘散沙、形成群体凝聚力的一个重要方面。M 小区治理的第二阶，即在上一阶已夯实治理底盘的基础上，同步转向以形塑公共团结为治理目标，分别从公共空间建设与植入公共事务决策机制两个方面寻求转变"内村外城"格局的软件破题施策。

一是建阵地，集成并完善小区治理空间阵地。利用小区 100 平方米闲置用房建成 M 小区党群驿站，联动区域商业服务主体建立小区党群服务点，为小区党组织、网格员、社会组织、小区志愿者、小区居民等协商议事、举办文化活动提供阵地，延伸便民公共服务。首先，通过阵地建设，综合集成各项"软性"机制落地落实。如拓展"党建引领+居民六治"治

理机制，在"建立家门口的党组织"基础上，探索建立"家门口的议事会""家门口的服务站""家门口的好党员"等制度机制，构建形成一整套务实高效的小区治理体系。其次，通过阵地建设，形成小区公共空间与社区公共空间的密切连结。通过在所属社区便民服务中心建立社区综合党群驿站、在 M 小区建立党群驿站、在小区各商业服务机构建立若干党群服务点，形成"社区-小区"两级网格式公共空间格局，在分流社区事务与小区社区的同时，建立起社区空间与小区空间的密切连结。经由以上，转变了阵地建设上的"内村外城"。

二是共议事，以补齐基础公共服务短板为契机，设置大量公共决策议题，形塑小区公共决策"惯性"。在三大攻坚行动时期，坚持了"群众事、群众议"的民主协商机制，探索建立了"居民提议—小区自治工作组审议—居民（党员）代表商议—居民大会决议"的小区议事制度，既实现了大家的事集体商议，也实现了居民理解、配合、支持拆违工作，实现了全过程"0 投诉""0 信访"。以此为基础，进一步制订了小区环境卫生管理办法，建立了安全隐患自查自控长效机制等公共决策机制，初步塑造了小区的"公共团结"，转变了 M 小区民主协商上的"内村外城"格局。

（三）建社区商业、植入商业反馈机制，以活化治理资源

发展社区商业和建立商业对小区治理的反馈机制，是小区治理不断获得滋养的"活水"。这既是小区自我造血的探索性举措，也是改变农民集中安置区治理资源匮乏的题中之义。M 小区治理的第三阶，即在已夯实治理底盘、初步形成小区"公共团结"的基础上，进一步以活化治理资源为目标，分别从构建社区商业与植入商业反馈机制两个方面寻求转变"内村外城"格局的可持续发展施策。

一是进一步利用社区阵地，打造区域交互空间。社区利用空地建设集社区党群服务、综合商业、体育运动、文化休闲、交往场景为一体的社区复合型公共服务体，打造周边居民集聚交往、融合交流的公共空间。通过运营该空间来获得收益，并建立起利用社区公共空间收益反哺 M 小区的治理机制。

二是进一步激活小区阵地，引入公益性商服机构。建立小区治理微基金，由公益性商服机构提供切合居民需求的公共服务（如干洗、托幼），并从收益中提取相应比例进入小区治理基金。

三是从文化的角度，通过小区业态更新，提升片区文化消费价值。推

动业态从散乱、弱餐饮转变为具有 X 区城乡历史变迁文化特色的新消费场景；更新小区形态，绘制社区资源图，推动小区形态从"脏乱差"安置小区变为宜居宜业的现代街区，着力打造一个 X 区记忆美食网红打卡地。试图从小区造血的角度，活化治理资源，转变 M 小区治理资源可持续性上的"内村外城"格局。

第九章　县域统筹激活群众参与：
对"资源交易所"的探索

　　在县域层面，如何通过县域统筹资源分配，达到激发群众参与的治理效果，是十分值得探索的。2019 年 10 月，四川省 X 区被纳入全国新时代文明实践中心建设试点区县，将基层志愿服务作为其中的核心建设内容，并在制度体系上构建了"区级部门—街道—社区"三级志愿服务体系。X 区在区级层面建立资源交易所，结合社区层面的"时间银行"志愿服务制度，形成了从区到社区的两级志愿服务平台。这是一次试图以"志愿服务"为载体，既响应全国新时代文明实践中心建设的工作号召，聚焦志愿服务这一富有社会治理意涵的"社会事实"，又是在激活基层群众参与基层治理的制度化渠道方面所做出的探索。

　　社区"时间银行"志愿服务制度，是指以有偿志愿服务理念为基础，通过"积分"的形式将志愿服务记录下来并存储进"时间银行"志愿服务管理平台，以便获取将来某种可预期的回报或激励，以期获得志愿服务持续供给的一种制度安排。而资源交易所，则是一种对社区"时间银行"在区县层级志愿服务的有效整合模式。这种模式的设计目标在于，既力图满足社区居民不同的志愿服务需求，又保障了志愿者参与志愿服务的长期性和持续性，是一种具有"制度创新"意义的基层治理制度设计。

第一节　问题梳理：基层治理中的群众参与"阻力"

　　群众广泛参与到基层治理，是基层治理的重要目标。如前所述，在县域治理中，探索通过县域统筹资源分配的方式，达到激发群众参与的治理效果，是十分值得探索的。统筹县域资源，首先需要对基层治理中群众参与的"阻力"作出分析。基层治理中的群众参与"阻力"包括以下几个方面。

一、群众参与基层治理的动力不足

目前,大多数社区志愿服务形式性比较强,影响了社区志愿服务在社区治理中的作用发挥。同时,尽管一些社区社会组织所执行的项目做到了针对普通老百姓的项目前置性需求评估,但评估的科学性还无法保证,由此造成了较大的评估误差,比如样本采样还不够科学,往往只是获得了社区中"积极性"较强的那一小部分积极分子的支持,仅实现了对少部分群体的社会动员,甚至有可能仅仅是对少部分社区积极分子的"行政吸纳",并没实现真正的社会动员。在实践中,部分社会组织开展活动,依然采取支付"误工费"或给小礼品的方式吸引群众参与,群众只能是"参加"而非真正"参与"活动,表演性强。这背后体现的是,群众参与基层治理缺乏符合群众实际需要的"事项"载体,群众参与基层治理的动力明显不足,治理效能还有待提高。

二、群众参与基层治理的机制不足

目前,尽管我们在动员群众参与基层治理方面,做出了大量富有意义的工作,比如政府购买社会组织服务、社区党组织发挥引领作用、社区大量成立兴趣类自组织等,基层呈现创新方式多种多样、创新成效也十分显著的治理创新格局。但多样化的创新工作,没有形成机制性的创新模式。同时,随着商品房社区的逐渐增多,以及社区治理与组织结构日益松散化,建立常态化的志愿服务运行机制显得尤为重要。

三、群众参与基层治理的资源不足

尽管从中央到地方,都在积极倡导多元主体参与基层治理,但在目前的基层治理中,党委政府依然是最主要的资源供给方。社会治理的各项公共事务,依然在事务分类、任务设定、时间安排、检查考核方面以层级的方式逐级传导行政指令。当行政指令传导到社区的时候,社区掌握的治理资源明显不足。社区本身是自治组织,但又似乎被吸纳进行政体制,成为行政体制层级的末端,其治理权限在行政体制中是最低的。但从另一个方面来反思,正是因为社区是自治组织,其整合治理资源时还可以遵循市场逻辑，通过对市场与社会资源的有机整合，获得对市场资源的管理分配权，进而扩充群众参与基层治理的治理资源。换句话说，将市场机制引入社区治理，并尽力将市场资源转化成为社区治理资源，是一条待开发但可实现的路径。

四、群众参与志愿服务的保障不足

以社区"时间银行"为例。社区"时间银行"原本是一种能够很好地促进群众参与基层治理的方法，但其却并没有形成制度化的体系作为保障。这主要体现在三个方面，一是缺乏实体载体，比如 X 区在全国新时代文明实践中心建设试点区县的建设中，建立了"区—街道—社区"三级志愿服务体系，但是三级志愿服务体系缺乏相对应的空间、组织、机构等实体载体，从而令群众参与志愿服务体系的保障不足；二是社区"时间银行"的运行方式更适合在较小区域范围内操作执行，具体到每一个社区"时间银行"项目时，一般在社区和小区的范围内执行居多，难于将项目本身上升到街道或区级层面形成机制；三是如何针对社区"时间银行"构建上下联动、功能互补的运行"体系"，尚未进行有效的行动探索。

五、群众参与志愿服务的理论不足

近年来，有关基层社区治理的实践探索已大步走在学理研究之前的观点，在学术界、政策界、实践界多有流传，且得到较大范围的认可。尤其当党的十九大报告明确指明建设"党委领导、政府负责、社会协同、公众参与、法治保障"的治理体系，通过"重心向基层下移，发挥社会组织作用，实现政府治理和社会调节、居民自治良性互动"的实施路径，以社区治理"社会化、法治化、智能化、专业化"为目标，形成"共建共治共享的社会治理格局"，社区治理上升为国家战略，并通过项目制在体制内形成较强的自上而下的动员，各地党委政府纷纷探索党建引领下的基层社区治理机制，取得了十分显著的成效。以北京、上海、成都等地为代表，其正在探索中的基层社区治理机制经验，得到了从中央到地方、从国家到民间社会的普遍认可。国家有关基层社区治理的大政方针经由各地的实践探索，形成了政策视阈下的多元多样的理论关照与应用模式。相较之下，学理研究在与政策语境下的实践对话中相形见绌，一时间，基层社区治理领域实践探索已走在理论研究之前的说法开始流行。

笔者以为，有关基层治理的理论研究与学理发展从未中断或滞缓，但理论与实践存有差距，也确为一定程度上的事实。社区治理的学理发展似乎难于对经验探索展开有效指导，而社区治理的研究者在基层社区治理这一正在被广泛探索的"社会事实"中，咨政主体作用式微。社区治理作为应用性、实践性较强的研究领域，研究者更该关照、探索、梳理其中各方主体的行动逻辑，并注重对理论与学理层面的抽象研究，推动党委政府、各类治理主体与社区治理研究者在社区治理工作推进中的各自"归位"，搭建学理研究与行动经验之间的有效关联。因此从实践经验中学习，以达至理论与经验的相互成长，还需要更多聚焦实践、聚焦田野。

第二节 破题路径："区—社"两级的志愿服务体系

为进一步优化 X 区社区志愿服务活动，增加志愿服务时数及加强志愿服务积分管理，推进志愿服务的制度化、专业化发展，充分发挥社区志愿服务在推进高品质和谐宜居生活社区建设中的重要作用，更好地实现社区居民需求与志愿服务供给有效对接，本研究围绕 X 区社区志愿服务积分化的实践探索，整合包括"时间银行"在内的一些有益实践，提出"区域性时间交易所"的制度设想，并尝试探索出一套有效落地的运行机制。具体而言，我们从 X 区的经验出发，试图在中观层面，做出如下设计：

一、建立"区—社"两级体系，增加群众参与动力

为实现社区"时间银行"志愿服务的长效持久运行，在区级层面成立资源交易所这一区县层级运营机构，主要在于建制度、聚资源、强保障，通过购买专业社会组织服务专项运营服务，意在从区县层面建立起整合回馈治理资源、强化运行保障力度；在社区层面则成立社区"时间银行"志愿服务站，建立标准化、制度化、科学化的社区志愿服务嘉奖和回馈制度。具体可有如下做法：

一是建立积分实物和服务兑换机制。二是开展星级认定活动，扩展志愿服务积分优待范围。社区"时间银行"志愿服务站可根据积分数量开展年度优秀志愿者星级认定活动，依次评定为一星级、二星级、三星级、四星级、五星级，五星级志愿服务者可优先成为 X 区针对社区设置的荣誉称

号，并享有社区事务管理优先参与权。三是跨区域通存通兑。为进一步激励志愿者参与公益服务，将志愿者服务与市场化运行相结合，整合各类公共服务资源和加入优质商贸服务资源，扩大志愿者积分使用范围，结合"成都志愿者 APP"，实现志愿者服务积分跨区域通存通兑，满足和保障志愿者的不同需求。

二、从社会资源着手，引入商业化逻辑，助力治理资源扩充

"资源交易所—社区'时间银行'"志愿服务体系，兼具社会、经济双重属性。一方面，坚持社会属性，激发志愿服务潜能，优化社区服务供给，形成互惠互助社区生活方式，志愿服务才有存在的社会价值。另一方面，立足商业逻辑，创新志愿服务运行模式，健全志愿服务激励机制，志愿服务才有持续发展的能力。其中，商业逻辑体现在两个方面，一是引入市场的"竞争属性"。为确保不同强度、不同技术含量的志愿服务之间的公平性，可以将志愿服务按照强度高低分门别类，如同等服务时间，低等劳动强度的志愿服务所获得的志愿服务积分要少于高等劳动强度的志愿服务。科学量化相同服务时间下的不同志愿劳动价值。二是引入市场的"资源属性"。如前所述，社区因处在行政体制的最末端，在以党委政府为主要治理资源供给方的治理模式下，其治理权很低，主要表现为无法掌握和分配更多的治理资源。若社区能引入市场逻辑，将市场资源整合进社区内，特别是这一制度设计中，将区级商家联盟以及商业服务组织整合进"资源交易所—社区'时间银行'"志愿服务体系，以提供志愿服务的补偿与激励，则能有效扩充社区所掌握的治理资源，从而扩充社区治理权。

三、强化组织建设，以增强基层组织力，助力群众参与保障实现

"资源交易所—社区'时间银行'"志愿服务体系，需要建立并依托明确的组织架构与组织体系，需要不断提升社区党组织的基层组织力与动员力。社区党组织和社区居委会要在社区党员、居民中发掘志愿服务领袖和志愿者骨干，依托社区社会组织工作站，建立"时间银行"志愿服务站，在社区党组织的领导和社区居委会的引导下开展工作，具体负责"时间银行"志愿服务站运行管理工作。社区"时间银行"可实行理事会和监事会制度，在日常管理上可设立行长、副行长、积分管理员、服务巡查员等岗位，确保社区银行日常工作顺利开展。

四、坚持分类管理与规范发展，形成志愿服务精细化的长效运行机制

为更好地实现居民需求和志愿服务供给的有效对接，可根据志愿者的专业特长和技能进行分组并建卡立册，建立"菜单式"服务平台，当被服务者有不同的需求时，可根据"时间银行"数据库筛选相匹配的志愿者来服务，及时、有效满足社区居民的特定需求，精细化开展社区志愿服务。搭建社区"时间银行"志愿服务管理平台，制定社区"时间银行"志愿服务守则、工作人员职责和招募、培训、登记制度等相关制度，构筑社区服务网络，实现社区"时间银行"志愿服务系统化和规范化长效运行。

第三节　成效预期：对群众参与基层治理的制度化渠道探索

截至笔者调研时（2022 年年底），这项工作仍在探索实践当中，治理效果还需要时间检验，但依然可以从群众参与基层治理的制度化渠道方面，作出如下的成效预期与工作提示。

一、扩充多主体治理权，各类主体更有动力

"资源交易所—社区'时间银行'"志愿服务体系，在引入市场机制的同时，也整合了基层治理中行政资源以外更为珍贵的市场资源。这在以行政为主导的基层治理现实下，扩充了激活各类主体动力的治理资源。其原因有三：社区居民通过社区"时间银行"，在参加志愿服务的同时获得奖赏，有助于志愿活动的可持续开展，扩充了群众的社区事务参与权；社区干部通过社区"时间银行"，整合了行政主导资源以外的市场资源，有助于形成社区干部与社区居民之间更加良性的互动关系，扩充了社区干部治理社区事务的治理权；区县层面设立协调机构，整合市场资源，通过标准化、科学化、系统化的治理逻辑，指导社区"时间银行"开展工作，并以县域内的市场资源作为奖赏性资源，扩充了区县层面对社区标准化治理的治理权。

二、建立两级志愿平台，上下联动更有张力

建立两级志愿平台机制的做法，不是在区县层面对社区层面的社区

"时间银行"做区域扩大版的"复制"，而是通过不同的职能分工、功能分工，形成区县与社区的资源互补。与此同时，区县层面与社区层面形成信息诉求的双向传导机制，区县层面的协调平台建立标准化的制度体系，以行政指令的方式下达给社区"时间银行"，而社区"时间银行"则通过"呼叫"的方式，向区县层面的协调平台表达诉求，协调平台以及时"响应"的方式予以回馈，同时获得社区"时间银行"的权威授予与认可。如此一来，便可形成上下联动的富有张力的互动机制。

三、从扩展资源着力，创新探索有推广力

当前诸多创新实践以行政主导下的资源供给为基本模式，这令"治理靠钱堆"的流言在社会中多有流传，削弱了普通百姓对基层社会治理效能的客观评价。一方面，"资源交易所—社区'时间银行'"志愿服务体系，以扩充市场与社会中的治理资源为突破口，弥补了长久以来治理资源单一供给的治理短板。另一方面也对资源短缺地区，诸如包括我省大部分地区在内的西部地区，在探索引入市场资源补充进治理体系的方式方法上，更具推广力。再一方面，构建这一区域性志愿服务资源调配平台，可以为社区居民提供一个较为广阔的沟通平台，鼓励居民在志愿服务中发挥自主意识、建立相互支持体系，并在活动中收获价值感、满足感，提升对社区的责任感、归属感。

四、与理论模式对话，本土创新有实践价值

"资源交易所—社区'时间银行'"志愿服务体系，是对社区工作"地区发展模式"的这一理论模式的本土化探索实践。"地区发展模式"注重社区居民在参与社区事务中的互动与交流、邻里交往与社区社会网络的构建、提升居民的参与意识与社区认同感。而 X 区以"志愿"服务促社区"参与"，较好地贴合了"地区发展模式"的理念与目标。同时，时间交易所的探索促进了在住房变迁背景下对社区志愿服务模式的适当创新与思考，有利于发展出一条具有研究价值与推广价值的社区工作路径。现今"单位制住房"时代逐渐向"商品房"时代变迁，社区存在的大量市场化组织不仅是社区的重要组成部分，同样也是社区志愿服务的潜力股，而时间交易所强调公益性和商业性并存，为这类市场化组织提供了一个参与社区治理的新型平台。

五、聚焦志愿动力，回应新时代文明实践

"资源交易所—社区'时间银行'"志愿服务体系，是对深入培育友善公益志愿精神，提升志愿服务制度化、常态化水平，回应新时代文明实践中心建设的载体性"社会事实"。根据 X 区有关新时代文明实践中心建设的工作方案来看，从区级到社区级，正在构建"区—镇（街道）—村（社区）"三级志愿服务队伍，形成志愿服务"总队—大队—队"三级行动架构。具体而言，区级部门至少建立 1 支志愿服务队伍，各镇（街道）至少建立政策宣讲、文化文艺、助学支教、医疗健身、科学普及、法律服务、卫生环保、扶贫帮困等领域的 8 支专业志愿服务队伍，各村（社区）至少建立 1 支特色志愿服务队伍。区级部门、各镇（街道）、村（社区）在整合用好属地志愿服务资源的基础上，积极培育文明实践项目不少于 1 个。全区在职党员干部要在成都志愿者 APP 注册成为志愿者，并且在文明实践志愿服务活动中的参与率不低于 80%，人均年志愿服务时长不少于 20 小时，充分发挥"中国好人"曹永能的示范带动作用，打造 X 区志愿服务"金名片"等。在组织体系完善之后，"资源交易所—社区'时间银行'"志愿服务体系则主要承载令组织体系得以有效运转的动力机制的重要功能，更从内生方面，回应了新时代文明实践。

第四节　意义拓展："资源交易所"对基层治理体系的重要意义

笔者认为，作为由县域进行统筹的系统性志愿服务制度设计，"资源交易所"不仅在动员群众参与基层治理方面富有意义，还对县域基层治理的一些内在逻辑富有提示意义，具体有如下四个方面。

一、"资源交易所"志愿服务体系的构建，本质是探寻县域基层社会关系的重塑路径

如今，村社区内部正面临社区动员力弱、基层组织松散的治理困局，这一观点，已得到从理论界到政策实践界的普遍认同。社区以内，社区干部对普通居民的组织化能力普遍较低，而社区内部亦缺乏有效的组织化载

体，可以说，高流动性和低组织化，成为今天基层社区的重要特征。

X区有关"资源交易所"的实践工作，是在当代高速的社会变迁中，在促进基层组织化方面，试图通过制度化的志愿服务体系设计与安排，以志愿活动为载体，重塑当代基层社会中组织属性与组织化内涵，充分激活志愿活动在基层的组织化功能的一种社会关系重构路径。以基层组织化的社会关系作为底层逻辑，借助市场逻辑的力量与手段，建立起内生动力机制，组织普通居民通过志愿活动进入组织化的城市基层，通过志愿活动利益连接化、体系保障化、组织动员化，筑牢基层城市社区发展治理的底部组织化根基。X区"资源交易所—社区银行"的实践表明，以组织化利益为依托的基层志愿服务机制，构建起来的城市基层新型互动关系，本质上是探寻符合当代城市基层治理特征与趋势规律的城市基层组织化的社会关系。

二、"资源交易所"志愿服务体系的构建，是直面县域低治理权、旨在为社区扩权增能的路径探索

X区的经验表明，有效的志愿服务体系构建，不是直接就"志愿服务创造志愿服务"，而是在聚焦基层组织化的立场上，通过转变县域"低治理权"现状，以一整套志愿服务的制度化体系，扩充社区治理权的路径探索。

具体而言，虽然今天从中央到地方主要提倡共建共治共享的多元参与治理模式，但总体性治理的模式依然是主要的治理方式，主要表现为基层治理的资源大部分来自党委政府的供给。在这一背景下，治理权（某个层级组织在公共事务管理当中的分类治理、任务设定、时间安排、检查考核方面的权力）在行政体制中，随着层级的降低而逐渐降低，作为治理权核心的资源调配权，也随着层级降低而逐渐降低。

X区"资源交易所"—社区"时间银行"志愿服务体系的探索，首先聚焦区域性"资源调配"，是一种通过引入市场机制，扩充社区通过市场机制获得市场资源的调配权，从而转变社区在行政体制中的治理权低的格局。具体而言，其至少扩了社区的三重治理权，分别为：社区居民通过社区"时间银行"，扩充了自身的社区事务参与权；社区干部通过社区"时间银行"，整合并扩充了来自市场力量的社区干部治理社区事务的治理权；区县层面则从顶层设计的标准化、系统化、整体化的角度，扩充了区

县层面对社区标准化治理的治理权。

三、"资源交易所"志愿服务体系的构建，是试图打通县域政社关系末端的制度实践

党委政府通过供给公共服务，并自上而下地有效传导，以福泽广大百姓和满足人民群众对美好生活的向往，是基层治理的核心内涵之一。而长期以来，尽管体制内条块资源与公共服务不断向下传递，但在基层，党委政府与群众之间始终存在最后一百米的距离亟待突破。

X区"资源交易所"志愿服务体系的经验表明，打通梗阻政社关系最后关键距离，关键要在社区以下、群众以上，形成群众参与基层治理的制度化渠道，而关键点有二。其一，应当找到合适的组织化载体，在基层建立起具有组织化意义的社会关系，并将这一社会关系，有效地整合进基层治理体系。比如通过社区层面的"时间银行"构建，形成群众秩序化参与志愿服务，并秩序化获得志愿补偿的运行机制，这样一来，基层群众得以找到"秩序"载体、形成秩序约束、建立秩序规范，从而构建起基层组织化的载体与框架。而社区层面的"时间银行"与区县层面的"资源交易所"在资源调配上，所形成的密切对接，将基层群众的志愿服务及其组织化体系，整合进区县层面的基层治理体系，从而构建了牢固的基层共同体。其二，随着城乡基层治理成为从中央到地方的核心关切，大量资源在条块之下落地基层、被充实进基层治理，而资源在最基层缺乏可将各类资源和项目整合进同一逻辑体系的事项载体。X区经验表明，志愿服务体系既紧贴最基层，又具有组织属性；既十分具体（事项不虚化），又几乎能覆盖基层治理所有资源与项目，可起到连点成线、织线成网的作用，成为将落地基层各类治理资源进行有效整合的治理载体。

四、"资源交易所"志愿服务体系的构建，是对新时代文明实践建设的重要机制创新

自X区被纳入全国深化拓展新时代文明实践中心建设试点区，为深入贯彻落实中央、省、市关于新时代文明实践中心建设试点工作要求，X区对区域范围内全面深化拓展新时代文明实践中心建设提出了"更好推动资源融合、服务优化、机制创新"的目标任务。我们认为，"资源交易所"志愿服务体系的构建，是对新时代文明实践建设的重要创新，表现在三个

方面。其一，"资源交易所"志愿服务体系，不仅充分融合了行政体系内的各类治理资源，还有效扩充了市场中的各类多元主体注入的治理资源，并通过一套治理体系，将各类资源有效整合、有序调配、合理使用，切实做到了"推动资源融合"这一任务。其二，在基层治理中引入市场逻辑，有效扩充社区治理权与增强治理能力、不断激活群众志愿服务内生动能等系列成效的达成，令时代文明实践成效力更加显著以及志愿服务更加优化。其三，通过聚焦志愿服务，充分激活其在基层组织化中的重要效能，从而探索群众参与基层治理的制度化渠道，这对于基层治理具有机制创新意义。

第十章 跨县域合作：文化连片区域的基层治理探索

在四川，因文化连片或经济联动，常常在一些区域呈现治理情境的相类似特征，需要作出整体性关照。本章节，笔者基于之前对于四川西部山地等地区的调研，探索提出一些跨县域合作的基层治理思路和主张，仅供学界同仁参考。

四川西部地区作为我国重要的生态走廊，是四川省内乃至全国重要的生态区，也是经济社会发展不平衡、不充分的典型区域，生态复杂而脆弱，聚居了藏、羌、彝、回等少数民族，既是少数民族文化的集中连片地带，也是超大城市与国家级深度贫困县的交界地带，如何通过绿色高质量发展实现其治理效能，需要以县为单元进行跨域合作。与过去因生物多样性及生态保护而限制居民发展的思路不同，这些区域近年来提出了绿色高质量发展，也即在保护生态的基础上，为当地居民释放更多从"保护责"向"发展权"的红利。对这些区域进行基层治理的目的，是促进"保护责"与"发展权"的有效平衡，让该区域社会群众"有序"参与和共享区域的经济社会进步成果。其中，在遵循绿色高质量发展的范式下，在绿色发展项目中引入公共事务，令"发展权"有效释放的同时，还让区域社会大众"有序"参与和共享经济连片发展的红利，是本章关注的重点。

具体而言，就是以提高社会公众对经济发展与文化开发的参与度，探索形成有序的参与机制，并通过多元参与提升该区域的基层治理水平。这需要立足该区域社会的整体发展观，从民生诉求的角度，梳理出区域社会内居民同生态走廊绿色高质量发展的利益相关程度与利益关联面向，分析居民中的各群体特征、利益诉求、可能的参与方式，以及如何形成不同群体长效的互动机制，并基于此评估现有社会公众参与机制和成效，提出提高社会公众参与度的机制创新。而高质量基层治理秩序的形成，对该区域经济社会全面建设的重要贡献，在于其能够成为撬动发展的支点，实现对"五位一体"五大要素的统筹协调与有序激活，令原本相互竞争与相互制约的资源要素得以理顺，五大建设的发展方能既不"顾此失彼"，又不"厚此薄彼"。

第一节　县域合作的有序治理：兼顾多元性与公共性

实现县域合作的有序治理，需要有序的府际、府级、政社互动，以及一致化的利益主张和利益连结，并在此基础上，兼顾多元文化下的区域社会互动。这可以用两个核心概念来概括，即多元性与公共性。

一方面是多元性。在基层治理视阈下，文化连片区域的多元性主要表现为以下三个方面：一是区域地理形态多元，在四川西部，很多地区处在青藏高原向成都平原的过渡地带，横断山脉的千沟万壑将该地区分割成了若干地貌形态差异较大的小气候空间。二是文化多元，该区域自古就是文化交往交流廊道，是藏羌彝文化的交流互动与融合之通道。三是基层治理主体多元，治理主体至少包括基层乡镇干部、村社干部、普通居民三个核心主体，除此之外，还有外来企业与流动人口等主体。

另一方面是公共性。文化连片区域因相同或互补的资源禀赋，形成了经济发展的重要区域资本，通常具有建立抱团发展和整体治理的基础，而基层治理的目标，便是建立文化连片的公共性。具体而言，是激活自治组织（村社）参与连片经济发展的集体意愿，令其具有集体行动能力，这些都需要以社会的公共参与为基础。在高公共性的基层治理中，基层社会的不同主体均能参与到公共事务中来，社会层面充满活力，能联合起来将具有区域独特性的发展资源转换为发展资本，助力片区的联合发展；而在低公共性的基层治理中，主体难以或只有部分主体能够参与到公共事务中，基层社会要么缺乏活力、要么缺乏秩序，社会缺乏将公共资源转变为发展资本的能力。

第二节　建立跨县合作的高效有序治理机制

文化与生态走廊的绿色高质量发展要达成高效有序的治理状态，需要同时达到高公共性与"多元一体"之格局，这需要同时达到该区域的高公共性与充分关照到该区域的多元性，二者兼达，才能成为该区域高效有序治理状态的基础。

从现实情况来看，基层治理实现对多元性的关照，需以基层治理秩序达成公共性为基础，因为如果没有基层治理秩序的高公共性与基层群众普遍的高参与性作为保障，治理的多元性很难被关照，所以激活公共性是跨县治理的首要之义。因此，跨县合作的基层治理，首先要激活和保证公共性，再努力激活和照顾多元性，才是一条可参考的实践路径（见表11-1）。

表11-1　跨县合作高效有序治理的基层治理机制

	第一阶段	第二阶段	第三阶段
治理机制	人本治理	制度（机制）治理	网络（体系）治理
核心破题及做法	保障公共性〔促发展——参与发展权、赋能——有序参与权、发展权（集体经济）〕	关照多元性（尊重、存异、共享——有序共享权）	"一核三治、多元一体"治理体系（基层党建+三治融合+多元主体有序参与）
机制内涵	赋能奠定公共性	形塑公共照顾多元一核主导，公共多元良性互动	一核三治一体多元共建共治共享
机制成果与成效	多元主体归位参与权能兼具公共性初达成集体经济显效	多元利益彰显主体有序参与刚性制度形成经济有序共赢	多元同异平衡三治网络互促刚柔体系自转治理赋能发展

一、第一阶段：人本治理机制

（一）机制内涵与内容

第一阶段，我们将跨县合作治理机制定义为"人本治理"，该机制的核心内涵在于回归人本、"还权、赋能"，而机制的核心目标在于激活并构建区域治理的"公共性"基础。

一是还权。其核心是向区域群众赋予公共事务参与权，包括公共事务决策权、集体行动参与权、公共发展共享权。在基层党建引领和党委政府主导下，对于公共服务、区域发展项目等公共事务，不同主体均享有公共事务的议事权与决策权；不同主体均有选择是否参与集体公共事务的意愿与权力，同时承担促进公共事务向良性方向运行与发展的责任；不同主体均等的共享区域公共发展所释放的个体发展红利，个体发展同个体决策与个体行动有更多关联，公共领域的发展并不会特别限制或特别照顾某一群体或某一个体的发展。

二是赋能。其核心是在党委政府的主导和引导下，通过激活社会参与，引入企业组织和社会组织协同的方式，向各方治理主体进行陪伴式赋能。之所以是陪伴式赋能，是因为赋能的执行主体同时也是能力的诉求主体，赋能的同时也需要增能。而赋予的主要能力包括有序参与权和有序发展权。有序参与权是指，治理各方均培养起了相对较强的公共事务参与意愿，并具备了一定的公共事务参与能力，共享公共事务参与权力，同时具备了与不同主体相互协商、有序为公共事务发展作出贡献的意识。有序发展权是指，治理各方均有在公共事务中享受发展权利的能力。同时，治理各方有主体间在公共事务发展中相互合作、共同发展的有序发展权能，其中特别包括了集体经济组织的发展能力。

总之，"人本治理"的核心是奠基公共性。这一时期，治理机制的主要目标是建立起区域发展的公共性。即通过各具体机制与办法的建立，在区域各治理主体中形成公共意识与公共治理的群体心态，转变过去自上而下管理式与家长式治理方式，形成多方主体共同参与公共治理的意识与习惯，为区域大型公共事务发展诉求的公共性奠定基础。

（二）机制成果与成效

第一，多元主体归位。这一阶段，基层治理重在厘清不同治理主体在区域公共事务中的权责。权责包括了横向与纵向两个方向。横向来说，当形成县域之间、乡镇之间、特区与县域之间的联动机制。纵向来说，当厘清基层治理中的政、企、社的责任与权力边界，并形成群体认知，以促成宏观、中观、微观三个层面治理主体的治理责权厘清，促进主体权责认知精准并具备对大型公共事务的应对能力。

第二，参与权能兼具。这一阶段，基层治理重在促进各治理主体的公共参与，至少包含三个层面的参与内涵，分别为：参与意识、参与权力、参与能力。经过这一时期的基层治理工作，群众将具备较强的参与意识，同时获得平等、等效的参与权，并具备公共事务的参与能力。

第三，公共性初达成。这一阶段，基层治理重在激活区域较为缺乏的公共性。通过系列活动，如公共性教育、基层公共事务的集体协商表决与教育、基层公共利益（如基础性公共服务）的均等化共享与升级、建立组织化的利益协商与表达机制等，令区域内各类群体初步达成公共性。

第四，集体经济显效。公共性的重要载体是公共利益。这一阶段，公共事务带来的公共利益相对缺乏，尤其是在农村地区，而发展集体经济将会是塑造公共性的一大重要举措。因此，自上而下开展系列激励农村发展集体经济的活动，同时自下而上激活群众具有公共性意义的集体利益，将是这一时期基层治理的重要内容。而通过这一时期的治理工作，促进区域集体经济的成效初步显现出来。

二、第二阶段：制度（机制）治理机制

（一）机制内涵与内容

本阶段的基层治理思路，将与上一阶段一脉相承，可定义为"制度治理"或"机制治理"。上一阶段的治理重点在激活基层社会的内生公共性并开展相应的活动。这一阶段的治理重点在制度保障和机制保障以及制度与机制如何进一步提高治理成效。机制的核心内涵在于通过将片区文化转变为发展资源，塑造区域发展的公共事务，进而通过一系列制度安排形塑区域公共性，并照顾到该区域原本即已存在和正在不断增加的多元性。

一是形塑公共。其核心是出台一系列制度安排，以保障群众在片区经济发展中的参与性。首先，当夯实和完善区域的党建引领、基层自治制度，包括规范民主选举、居民议事协商和村务监督机制等。其次，当由党政引领激活群众，完善居民有序参与基层治理机制，包括完善对社区自治组织的增能、社会组织培育、自组织孵化等，以及以基层党员带动，增强居民参与治理动力活力机制等。再次，完善党组织领导下的自治组织权责机制，促进基层政企社责权归位。明确县（特区）、乡镇、国有企业党组织、社区党组织在城乡基层治理中的领导地位，规范基层自治组织的责权边界，并落地落实社区事项准入机制。通过上述制度建设，确保各治理主体的责权边界明晰。

二是照顾多元。其核心是在党委政府的主导和引导下，通过已形成的公共性制度及其有效的运行机制，对发展权在多元主体不同利益诉求中的有效分配过程进行关照。参与基层公共事务治理的多元主体包括基层党委政府、社区自治组织、社区内的自组织、企业组织（国企、民企和个体商业组织）、社会组织等。上述几类多元主体，都将以自持立场介入公共发

展的利益分配当中，而这一时期制度化的运行机制建立，将是令公共利益分配有序照顾到多元诉求的重要保障。

总之，本阶段旨在形成一个拥有核心主导和强力保障的、公共性与多元性良性互动的治理格局。这一时期，治理机制主要目标是解决在大型公共事务进驻后，区域如何从公共治理的角度予以有效回应的问题，并在区域公共性的基础上，关照到区域的多元性诉求。即通过在党建的一核主导下，形成系列制度与运行机制，在区域各治理主体中形成制度化保障的公共事务决策、运行、共享机制，以此来应对发展性事务开展过程中可能出现的社会稳定风险，以及保障制度化地处理这一时期的各类发展性公共事务，从而得以照顾到该区域不断增长的多元化利益诉求。

（二）机制成果与成效

第一，多元利益彰显。经由上一阶段治理，多元利益下的多元主体的公共性实现了责权归位。这一阶段，治理的核心目标在于通过建立一系列制度化的、基于多元主体参与共治的公共事务保障与运行机制，借由片区发展所带来的公共事务，形成对其所带来发展权益对多元利益主体的有效分配与配给保障。第二，主体有序参与。经由上一阶段治理，各治理主体具有了较强的公共参与意识，获得了公共参与权力，具备了公共参与能力。这一阶段，治理的核心目标在于建立一系列制度化、具有刚性约束力的保障机制，以规范各治理主体有序参与公共事务治理。第三，刚性制度形成。上一阶段治理，激活社会是核心主题，也即不具备公共参与权能的治理主体的公共参与诉求被逐渐激活，基层社会拥有了一定活力。这一阶段，良序善治将成为社会激活后的治理目标。第四，经济有序共赢。上一阶段治理的核心目标在于夯实当公共事务释放发展权时，各治理主体有意愿、有能力、有权利共享发展的基层社会基础。如何在上一阶段集体经济发展活力初步建立的基础上，进一步保障本地群众的组织发展权与个体发展权，是这一阶段的治理与发展目标。因此，理想的治理成效之一，是各经济利益组织（尤其是集体经济组织）与群体、群众均能有序、共赢地获得经济发展红利。

三、第三阶段：网络（体系）治理机制

（一）机制内涵与内容

随着片区的发展资源不断转变为发展资本，发展红利将会进一步大为释放。而如前文所述，在为这一时期带来发展机遇的同时，其也可能激活新的潜在社会稳定风险，并为这一时期的公共治理带来挑战。本阶段的基层治理思路，将与前两阶段一脉相承，将这一时期的治理机制定义为"网络治理"或"体系治理"。与上一阶段，旨在形成一核主导下的自治不同，这一阶段，建立良性的、长效的、刚柔并济的基层治理机制十分关键。笔者认为，该机制的核心是"一核三治、一体多元"。

一核三治包括了"一核统揽"与"三治融合"两个部分。"一核统揽"——强化一个核心——基层党组织的全面统筹功能，并在一核统筹下，搭建三大平台："三治协同支撑"的共建平台、"多元主体参与"的共治平台、"法治保障运行、德治整合良序"的共享平台，着力构建以党组织为核心的新型基层治理体系。"三治融合"已经成为今天从国家到社会对基层治理的普遍共识。自治是基层社会实行自治制度，这既是国家宪法规定的重要制度，又是坚持人民主体地位的基本要求，是"三治"的基础，当坚持自治以激发基层和群众的创造力；法治是实现基层自治的基本准则和手段，当以法治合理规范群体行为界限；德治是积极道德感的社会风气，是护航以自主、自觉和自律为特点的自治的社会价值体系。具体而言，应当建立起自治归位机制、法治保障机制、德治规训机制"三治融合"机制。自治法治德治优势互补、相辅相成，助力形成该区域基层社会治理"刚柔并济"的合力。

一体多元的核心是在党组织的核心领导下，达到区域公共性与多元性兼具，各治理主体、利益主体多元性被有效关照，区域公共性顺利达到，以及各类公共事务可以被制度化有效处理的理想状态。表现为：对区域流动性实现有序应对，对各类流入投资、流入务工者和流出务工者均能形成有效的、制度化的接纳与流动管理机制；对公共利益的生产与分配的有序、循环应对，在一体多元机制下，公共资源所带来的公共利益的资本效益将被激活，公共资源不再是消耗品，且公共利益可在有效治理的前提下，得到再生产，并与多元诉求的利益分配形成循环利用的格局。

（二）机制成果与成效

第一，多元平衡。上一治理阶段，在公共性于第一治理阶段建立起来后，重点关照多元主体的多元利益诉求，以化解可能存在的社会风险，保障基层政治、社会、经济、生态、文化协调、稳定、有序发展。这一阶段，"一体多元"的治理格局逐渐形成。区域在基层治理机制层面"求同"，而在多元利益、文化、族群与治理主体上"存异"，"求同"与"存异"之间达成平衡。

第二，三治互促。上一治理阶段建立起的一系列刚性制度，在保障基层治理的运行秩序上，发挥了重要作用。这一阶段，长效性治理机制亟待建立，自治、法治、德治相融合的刚柔相济的治理机制亟待建立。在这一机制中，有效的自治将常态化促进各类公共事务问题的解决，有效的法治将常态化护航各类自治议事的达成，而有效的德治将形成常态化的德训规制机制。三治以形成网络和体系的方式建立，互助互促。

第三，刚柔自转。上一治理阶段，不论区域各治理单元之间还是区域内某一特定的治理单元内部，公共事务均相对较多，因此刚性治理机制发挥的作用较大。这一阶段，刚性与柔性的治理规章制度当建立起来，与前一阶段的系列制度形成互动机制，促进制度与机制层面的刚柔自转达成。

第四，治理成全发展。这一阶段，基层治理达成了"一核三治、一体多元"的理想局面，因为基层社会的治理秩序良好，将为区域内的各项经济发展奠定基础，治理与发展之间相互成全。

参考文献

王敬尧，2022."县域治理"专题［J］.行政论坛，29（04）：81.

刘成良，2022.县域联动治理的实践逻辑：以苏南 Z 市为例［J］.上海行政学院学报，23（04）：81-91.

曹正汉，2011.中国上下分治的治理体制及其稳定机制［J］.社会学研究，25（01）：1-40+243.

周雪光，2011.权威体制与有效治理：当代中国国家治理的制度逻辑［J］.开放时代（10）：67-85.

仇叶，2023.部门工作"中心化"：县域条块关系的重组及其治理后果［J］.经济社会体制比较（02）：99-108.

刘锐，黄源源，2022.县域治理中的"网格赋能"：实践逻辑及现实困境［J］.华中农业大学学报（社会科学版）（06）：89-98.

王春光，2020.乡村建设与全面小康社会的实践逻辑［J］.中国社会科学（10）：26-47+204-205.

王春光，2021.社会治理"共同体化"的日常生活实践机制和路径［J］.社会科学研究（04）：1-10.

周飞舟，2006.从汲取型政权到"悬浮型"政权：税费改革对国家与农民关系之影响［J］.社会学研究（03）：1-38+243.

纪莺莺，2013.当代中国的社会组织：理论视角与经验研究［J］.社会学研究，28（05）：219-241+246.

肖瑛，2014. 从"国家与社会"到"制度与生活"：中国社会变迁研究的视角转换［J］. 中国社会科学（09）：88-104+204-205.

杨善华，孙飞宇，2015. "社会底蕴"：田野经验与思考［J］. 社会，35（01）：74-91.

陈家建，2019.《多样的现代性：一个苏南村庄的"集体主义"史（1950—2017）》［M］，北京：社会科学文献出版社.

陈家建，2013. 项目制与基层政府动员：对社会管理项目化运作的社会学考察［J］. 中国社会科学（02）：64-79+205.

陈家建，赵阳，2019. "低治理权"与基层购买公共服务困境研究［J］. 社会学研究，34（01）：132-155+244-245.

周黎安，2014. 行政发包制［J］. 社会，34（06）：1-38.

黄宗智，2008. 集权的简约治理：中国以准官员和纠纷解决为主的半正式基层行政［J］. 开放时代（02）：10-29.

罗纳德. 伯特，2008. 结构洞：竞争的社会结构［M］. 任敏，李璐，林虹，译. 上海：上海人民出版社，9-18.

张静，2006. 现代公共规则与乡村社会［M］. 上海：上海书店出版社（03）：178-181.

张静，2007. 基层政权：乡村制度诸问题［M］. 上海：上海人民出版社（01）：308-312.

张静，2012. 社会冲突的结构性来源［M］. 北京：社科文献出版社（04）：42-48.

张静，2015. 法团主义（第三版）［M］，上海：东方出版社（06）：165-177.

黄宗智，2014. 明清以来的乡村社会经济变迁（卷一）［M］. 北京：法律出版社（08）：8-19.

黄宗智, 2008. 集权的简约治理：中国以准官员和纠纷解决为主的半正式基层行政 [J]. 开放时代 (02)：10-29.

周雪光, 2013. 组织社会学十讲, 北京：社会科学文献出版社 (12)：112-115.

李祖佩, 2016. "新代理人"：项目进村中的村治主体研究 [J]. 社会, 36 (03)：167-191.

李祖佩, 2011. 混混、乡村组织与基层治理内卷化：乡村混混的力量表达及后果 [J]. 青年研究 (03)：55-67+95-96.

张逸君, 2012. 村庄治理中的村社两级治理：一个西部山村的个案研究 [D], 北京：北京师范大学社会发展与公共政策学院.

刘伟, 张逸君, 2016. "项目制"下村庄"政治经纪"的结构性变化：基于对川甘交界 L 村的观察 [A]. 载李斌、潘泽泉主编. 经济新常态下的社会改革与社会治理：中国社会学会学术年会获奖论文集 (2015. 长沙) [C]. 北京：社会科学文献出版社 (06).

刘伟, 2019. 厘清基层社区治理研究与实践的逻辑边界 [N]. 中国社会科学报, 06. 11.

蔡昉, 2005. 劳动力短缺：我们是否应该未雨绸缪 [J]. 中国人口科学 (06)：11-16+95.

李强, 2008. 传统人向现代人的转变：现代性视角下的农民工研究述评 [J]. 内蒙古农业大学学报 (社会科学版) (01)：56-58.

周晓虹, 1998. 流动与城市体验对中国农民现代性的影响：北京"浙江村"与温州一个农村社区的考察 [J]. 社会学研究 (05)：60-73.

白南生, 李靖, 2008. 城市化与中国农村劳动力流动问题研究 [J]. 中国人口科学 (04)：2-10+95.

赵晓峰, 林辉煌, 2010. 富人治村的社会吸纳机制及其政治排斥功能：

对浙东先锋村青年农民精英治村实践的考察 [J]. 中共宁波市委党校学报，32 (04)：33-41.

潘泽泉，2011. 被压抑的现代性：农民工融入城市的困境 [J]. 广西民族大学学报（哲学社会科学版），33 (01)：57-63.

刘崇俊，王超，郭治谦，2007. 农民工的现代性：和谐社会之重要元素：以经济社会学为分析视角 [J]. 甘肃理论学刊 (01)：78-80.

Henning Hillmann，2008. Localism and the limits of political brokerage：evidence from revolutionary vermont [J] American Journal of Sociology，114 (2) 287-331.

附　录

附录1　县域基层治理现状调查问卷（综合卷）

尊敬的被访者，您好！

　　四川省为西部地区大省，县域治理的社会情境复杂多样，各市州社会发展水平程度不一。为了摸清四川省县域基层治理的基本状况，以有效地服务地方政府决策和开展学术研究，XX研究机构组建课题组，正在开展一项同四川县域基层治理有关的研究课题，特邀请您填答本问卷，希望能收集您对基层治理特别是社区（乡村）治理相关问题的看法。问卷答案没有正确与错误之分，请您根据真实想法填答即可。

　　本问卷为不记名问卷，统计结果中不会出现您的个人信息，但您的答案将对我们得出研究结论，提供政策建议十分重要，请您放心并认真填答！

　　十分感谢您的配合！

XX研究院XX研究所

一、基础信息

1. 您目前居住在＿＿＿＿＿市（州）（如果您来自成都市，请直接回

答第 2 题）_____区（县）

2. 如果您来自成都市，您居住在_____区

（1）青羊区 　　　　　　（2）武侯区

（3）成华区 　　　　　　（4）金牛区

（5）锦江区 　　　　　　（6）高新区

（7）天府新区成都直管区 　（8）龙泉驿区

（9）双流区 　　　　　　（10）温江区

（11）郫都区 　　　　　　（12）新都区

（13）青白江区 　　　　　（14）新津区

（15）大邑县 　　　　　　（16）蒲江县

（17）金堂县 　　　　　　（18）简阳市

（19）邛崃市 　　　　　　（20）都江堰市

（21）崇州市 　　　　　　（22）彭州市

3. 您所在社区（村）类型是：

（1）城市社区

（2）涉农社区

（3）行政村

（4）其他_____

4. 您的性别：

（1）男

（2）女

5. 您在所在市（州）居住的时间：

（1）不到 1 年

（2）1~2 年

（3）3~5 年

（4）6~9 年

（5）10 年及以上

6. 您的出生年月：_____ 年 _____ 月

7. 您的文化程度：

（1）小学及以下

（2）初中

（3）高中职高中专

（4）大专与本科

（5）硕士研究生及以上

8. 您在村（社区）里是：

（1）村（社区）书记

（2）村（社区）主任

（3）村（社区）工作人员

（4）村（社区）居民

（5）驻村（社区）干部

（6）驻村（社区）社会组织工作人员

（7）普通居民

（8）其他 _____

9. 您的单位性质：

（1）党政机关

（2）国有事业单位

（3）国有企业

（4）私营企业

（5）社会组织

（6）社区（特别法人）

（7）无单位

（8）其他_____

10. 您目前的职位是：

（1）党政机关领导

（2）普通公务员

（3）企事业单位干部

（4）事业单位普通员工

（5）企业（含商业服务）普通员工

（6）专业技术人员（如教师、律师、工程师等）

（7）社区干部

（8）社会组织工作人员

（9）私营企业主

（10）个体工商户

（11）其他（请写明）_____

11. 您的政治面貌是：

（1）中共党员（含预备党员）

（2）团员

（3）民主党派

（4）无党派人士

（5）群众

12. 您目前从事的工作每月收入有多少（指每月的收入总和，包含工资以外的补贴、奖金等）？

（1）1 000 元以下

（2）1 001～2 000 元

（3）2 001～3 000 元

（4）3 001~4 000 元

（5）4 001~5 000 元

（6）5 001~10 000 元

（7）10 001 元以上

13. 您是否还有以下社会身份？（可多选）

（1）（区）县人大代表或政协委员

（2）市（州）人大代表或政协委员

（3）省级人大代表或政协委员

（4）无以上身份

二、主体问卷

14. 以下说法，您的意见是？请在符合您意见的答案选项对应空格处打"√"。

	非常同意	比较同意	一般	不太同意	不同意
1. 社区（村）治理是街道和社区居委会（村委会）的事，与我关系不大					
2. 我对所居住的社区（村）有很强的归属感					
3. 如果社区（村）居民选我，我愿意担任社区（村）干部					
4. 我很愿意成为社区（村）里的志愿者，为社区（村）居民服务					
5. 社区党群服务中心（村党群服务中心）是一级政府，承担服务老百姓的职能					

	非常同意	比较同意	一般	不太同意	不同意
6. 在闲暇时间里，相比较社区（村）组织的各项活动，我更愿意参加与同事、亲朋的社交活动					
7. 社区的活动主要是唱歌跳舞，我没有兴趣参加					
8. 我十分愿意了解所在社区（村）的（村务）管理情况					
9. 小区主要是居住功能，我的工作和娱乐基本在居住小区以外					
10. 我愿意参加社区（村）发展与治理的各项事务					
11. 过去一年，我多次参与了所在社区公共事务的讨论					
12. 过去一年，我多次参与了所居住小区公共事务的讨论					
13. 我会主动向社区（村）反映意见或问题					
14. 我愿意为社区（村）的发展或活动提供自己的资源					

15. 对以下内容，您的知晓情况是？请在符合您意见的答案选项对应空格处打"√"。

	非常同意	比较同意	一般	不太同意	不同意
1. 我对社区（村）党委和居委会为居民做的服务工作十分了解					

	非常同意	比较同意	一般	不太同意	不同意
2. 我对本社区（村）社会组织为居民做的服务工作十分了解					
3. 我对本社区（村）召开居民（村民）代表大会的情况十分了解					
4. 我对本社区（村）议事会的情况十分了解					
5. 我对本社区（村）监委会的情况十分了解					
6. 我对生活小区的物业管理公司情况十分了解					
7. 我对生活小区的党组织情况十分了解					
8. 我对生活小区的业主委员会情况十分了解					
9. 我对在我生活小区的社会组织的情况十分了解					

16. 对以下内容，您的评价情况是？请在符合您意见的答案选项对应空格处打"√"。

	非常好	比较好	一般	不太好	很不好
1. 我所在社区（村）居委会（村委会）的管理与服务					
2. 我所在社区社会组织在社区（村）提供的服务					
3. 我所在社区居（村）民代表大会在社区（村）自治中的作用					

	非常好	比较好	一般	不太好	很不好
4. 我所在社区居（村）民议事会在社区（村）中的作用					
5. 我所在社区（村）政务公开（村务公开）情况					
6. 我所在社区（村）网格员工作情况					
7. 我所在社区（村）的治安状况					
8. 我所在社区（村）的党员服务					
9. 我所在社区（村）的政务服务					
10. 我所在社区（村）的文化服务					
11. 我所在社区（村）的法律咨询服务					
11. 我所在社区（村）的商业服务					
12. 我所在社区（村）的养老服务					
13. 我所在社区（村）的家政服务					
14. 我所在社区（村）的物业服务					
15. 我所在社区（村）的体育设施					

17. 对以下内容，您的知晓情况是？请在符合您意见的答案选项对应空格处打"√"。

	最近一年以来	经常开展	偶尔开展	不了解、不清楚	没开展过
1. 我所在社区（村）议事会的活动开展情况					
2. 我所在社区（村）的文体活动开展情况					
3. 我所在社区（村）的各类组织之间的议事活动开展情况					
4. 我所在社区（村）提供各类法律咨询、调解服务					

18. 对以下说法，您的认识是？请在符合您意见的答案选项对应空格处打"√"。

	非常同意	比较同意	一般	不太同意	不同意	不清楚
1. 社区（村）党组织是社区各类组织与各项工作的领导核心						
2. 社区（村）党组织应该开展经常性的理论学习，提高理论认识						
3. 社区（村）党组织负责人和社区党员经常参加各级党组织学习教育或培训						
4. 我所在社区（村）党组织做到了维护群众利益，受到了群众拥护						
5. 我所在的社区（村）党组织定期召开民主生活会						

	非常同意	比较同意	一般	不太同意	不同意	不清楚
6. 社区（村）定期召开党建联席会议，与辖区内各单位、各组织一起研讨社区发展治理工作情况						
7. 社区（村）有专门的党员活动室						
8. 社区（村）党组织定期向社区党员代表、居民代表进行述职述廉						
9. 社区（村）党组织定期对服务群众效果进行满意度测评						
10. 社区（村）党组织成员中尚存在官僚主义和形式主义现象						
11. 遇到困难时，我很容易能找到社区（村）党组织帮我解决						
12. 社区（村）党组织在解决群众反映的热点、难点问题能力存在一定程度的不足						
13. 我所在的社区，党员干部运用微信、QQ、党建 APP 等新媒体组织活动						
14. 我所在社区（村）党员干部的模范带头作用发挥较好						
15. 党支部党风廉政建设主要通过党内监督进行						
16. 党务公开的是党的内部事务，主要公开对象为党员干部，不必向群众公开						
17. 党务公开的主要目的是"公开"，因此可以不设置信息反馈机制						
18. 民主集中制是党的根本组织原则						

	非常同意	比较同意	一般	不太同意	不同意	不清楚
19. 我对所在社区（村）党委书记换届选举的情况十分了解						
20. 我所在社区（村）党组织、社区各项工作制度是较为完善的						
21. 我所在社区（村）的各项制度，并未得到良好的执行						

19. 对以下说法，您的认识是？请在符合您意见的答案选项对应空格处打"√"。

	非常同意	比较同意	一般	不太同意	不同意	不清楚
1. 民主就是政府要为民做主						
2. 每个人无论水平高低，都有同样的权利讨论社区公共事务						
3. 讨论社区里的大事时，需要比较高知识和能力，只能让有较高知识和能力的人参与						
4. 决定社区大事，关键是看结果是否对大家有利						
5. 决定社区大事，关键是看做出决定的方法是否合理						
6. 进城农民工应该享受与城市居民相同的待遇						
7. 《宪法》是我国最高的法律						

	非常同意	比较同意	一般	不太同意	不同意	不清楚
8. 只要是出于保护社会利益，党委政府在应急时可以不遵守国家法律						
9. 一个人要享受国家给予个人的权利，也必须要履行相应义务						
10. 正常的社会秩序需要法律来维护						

20. 您对以下法律、法规的熟悉程度和学习态度是怎样的？请在符合您意见的答案选项对应空格处打"√"。

	对名称很熟悉，知道一些内容	只听说过名称，但不知道内容	没听说过
1.《宪法》			
2.《刑法》			
3.《治安管理处罚法》			
4.《物权法》			

21. 对以下说法，您的认识是？请在符合您意见的答案选项对应空格处打"√"。

	非常同意	比较同意	一般	不太同意	不同意	不清楚
1. 生活在成都（或所在市州）让我感到自豪						

	非常同意	比较同意	一般	不太同意	不同意	不清楚
2. 当别人说成都（或所在市州）不好的时候，我会反对						
3. 做人，就是要讲信用						
4. 当前这个社会诚信度低						
5. 建设信用制度十分重要						
6. 现在社会中的大部分人都有"国家兴亡，匹夫有责"的想法						
7. 我对我的邻居高度信任						
8. 我对我的亲朋好友高度信任						
9. 我对社区居委会（村委会）高度信任						
10. 我对基层的党委政府高度信任						
11. 我的身边，绝大多数人都能够与人为善						
12. 我的身边，绝大多数人都能够包容别人						
13. 人不能没有信仰						
14. 有没有信仰无所谓，好好工作、好好生活就行了						
15. 在社区中，我比较相信权威或道德典范的话						
16. 闹得越凶，事情越容易解决						

22. 社区中发生以下问题或者活动，您认为**应该**由谁出面解决（**可多选，请打"√"**）：

	社区（村）党组织	社区（村）居委会	小区业委会	社区（村）有威望的民间能人	社区（村）内的民间调解组织	向政府相关部门反映	物业管理公司	公安局（派出所）	法院
1. 个人权益受到侵害（如养狗伤人、违搭违建、高空坠物、不合理物业收费等）									
2. 家庭（家族）内发生矛盾									
3. 邻里间发生口角、摩擦等纠纷									
4. 社区（小区）内部的公共财产损坏、丢失									
5. 打架、斗殴或经济纠纷等									

23. 对以下说法，您的认识是？请在符合您意见的对应答案处打"√"。

序号	在我看来本社区的居民					
1	1 素质很高	2 素质较高	3 一般	4 素质较低	5 素质很低	6 不好说
2	1 通情达理	2 比较讲理	3 一般	4 有些不太讲理	5 胡搅蛮缠	6 不好说
3	1 对街道（乡镇）、社区（村）干部充分信任和理解	2 对街道（乡镇）、社区（村）干部比较信任和理解	3 一般	4 对街道（乡镇）、社区（村）干部不太信任和理解	5 对街道（乡镇）、社区（村）干部很不信任和理解	6 不好说
4	1 思想很保守	2 思想比较保守	3 一般	4 思想比较开放	5 思想很开放	6 不好说
5	1 很能明辨是非	2 比较能明辨是非	3 一般	4 不太明辨是非	5 完全不明是非	6 不好说

24. 对以下说法，您的认识是？请在符合您意见的对应答案处打"√"。

序号	在我看来社区（村）干部				
1	1 很难接近	2 较难接近	3 一般	4 较好接近	5 平易近人
2	1 群众很难见到	2 群众较难见到	3 一般	4 群众容易见到	5 群众经常见到
3	1 服务意识很强	2 服务意识较强	3 一般	4 服务意识较弱	5 服务意识很弱
4	1 工作非常清闲，无压力	2 工作较清闲、压力小	3 一般	4 工作忙碌，压力大	5 工作非常忙碌，压力很大
5	1 很值得信任，威望很高	2 比较值得信任，威望较高	3 一般	4 不太值得信任，威望较弱	5 完全不能信任，威望很弱
6	1 待遇很高	2 待遇比较高	3 一般	4 待遇比较低	5 待遇很低
7	1 学习新知识能力很强	2 学习新知识能力较强	3 一般	4 学习新知识能力较差	5 学习新知识能力很差

25. 对以下说法，您的认识是？请在符合您意见的答案选项对应空格处打"√"。

	非常同意	比较同意	一般	不太同意	不同意	不清楚
1. 与 2009 年相比，我幸福多了						
2. 生活在成都（或所在市州），我十分幸福						
3. 与周围人相比，我幸福多了						
4. 未来 10 年，我会更幸福						
5. 追求个人幸福不能有损于他人、社区和国家利益						
6. 我需要非常注意家中的用电、煤气、门窗等安全						

	非常同意	比较同意	一般	不太同意	不同意	不清楚
7. 深夜在我家附近街区单独行走，不用担心安全问题						
8. 我所在小区的消防（通道）设施维护良好						
9. 我居住的小区常常有发生盗窃等治安事件的情况						
10. 我可以让 10 岁以下的孩子独自下楼玩耍，不会担心被人拐走						
11. 我所在社区的公共服务基本能满足我的需要						
12. 我所在社区的居民福利多，且很丰富						
13. 我所在社区的公共空间设计利用得越来越好						
14. 总的来说，我有较强的安全感						
15. 总的来说，我有较强的获得感						

问卷到此结束，感谢您的耐心填答！

附录2 县域基层治理现状调查问卷（乡村发展专卷）

尊敬的被访者，您好！

四川省为西部地区大省，县域治理的社会情境复杂多样，各市州社会发展水平程度不一。为了摸清四川省县域基层治理的基本状况，以有效地服务地方政府决策和开展学术研究，XX研究机构组建课题组，正在开展一项同四川县域基层治理有关的研究课题，特邀请您填答本问卷，希望能收集您对基层治理特别是乡村治理相关问题的看法。本问卷的问题主要针对生活在乡村（涉农社区与行政村）中的居民。问卷答案没有正确与错误之分，请您根据真实想法填答即可。

本问卷为不记名问卷，统计结果中不会出现您的个人信息，但您的答案将对我们得出研究结论，提供政策建议十分重要，请您放心并认真填答！

十分感谢您的配合！

XX研究院XX研究所

第一部分 基本信息

1. 您目前居住在 _____ 市（州）_____ 区（县）_____（乡）镇_____村

2. 您所在村庄（社区）类型是：

（1）涉农社区

（2）行政村

（3）其他_____

3. 您的性别：

（1）男

（2）女

4. 您在所在市（州）居住的时间：

（1）不到 1 年

（2）1~2 年

（3）3~5 年

（4）6~9 年

（5）10 年及以上

5. 您的出生年月：_____年_____月

6. 您的文化程度：

（1）小学及以下

（2）初中

（3）高中职高中专

（4）大专与本科

（5）硕士研究生及以上

7. 您在村（社区）的身份是：

（1）村（社区）书记

（2）村（社区）主任

（3）村（社区）工作人员

（4）村（社区）居民

（5）驻村（社区）干部

（6）驻村（社区）社会组织工作人员

（7）普通居民

（8）其他_____

8. 您的民族：

（1）汉族

（2）藏族

（3）羌族

（4）彝族

（5）其他民族_____

9. 您的政治面貌：

（1）中共党员

（2）民主党派

（3）无党派人士

（4）群众

（5）其他_____

第二部分　家庭生产、收入与消费

1. 您家庭的总收入状况

2020 年，您家庭总收入为_____元；其中农业收入_____元；务工收入_____元，

其他收入_____元。

2. 同 2015 年相比，您家去年（2020 年）下列支出项目的变化情况如何？

项目	同 5 年前相比（2015 年）				
	增加 很多	增加 较多	基本 没变	略微 减少	减少 很多
1. 家庭教育支出					

项目	同 5 年前相比（2015 年）				
	增加很多	增加较多	基本没变	略微减少	减少很多
2. 医疗支出（买药、就医、住院以及新农合）					
3. 除教育、医疗外的其他日常生活支出（日常生活用品，水、电等）					
4. 人情往来支出（红白喜事）					
5. 生产工具支出（购买生产工具）					
6. 农药、化肥支出					
7. 其他_____					

4. 以下是一张详细的家庭基本情况与家庭经济状况调查表，请您将问题的答案填答至相应空格处。

指标	单位	您的答案	备注
1. 家庭成员数量	人		
2. 家庭劳动力人数	人		
3. 家庭中文盲成员人数	人		
4. 家庭中小学及以下成员人数	人		
5. 家庭中初中成员人数	人		
6. 家庭中高中成员人数	人		
7. 家庭中大中专以上成员人数	人		

指标	单位	您的答案	备注
8. 家庭中女性家庭成员数	人		
9. 家庭中男性家庭成员数	人		
10. 家庭中 14 周岁以下家庭成员数	人		
11. 家庭中 15~18 周岁家庭成员数	人		
12. 家庭中 19~49 周岁家庭成员数	人		
13. 家庭中 50 周岁以上家庭成员数	人		
14. 家庭中外出务工人数	人		
15. 家庭的耕地面积	亩		
其中：水田	亩		
旱地	亩		
16. 本村是否开展过集体林权改革	1 是，0 否		
17. 家庭的林地面积	亩		
其中：经济林面积	亩		
用材林面积	亩		
竹林面积	亩		
薪炭林面积	亩		
18. 家庭的退耕还林面积	亩		

指标	单位	您的答案	备注
19. 家庭的其他土地面积（如果园、桑园、水面等）	亩		
20. 家庭的粮食作物播种面积	亩		
21. 家庭的主要粮食作物产量			
其中：小麦	斤		
稻米	斤		
大豆	斤		
玉米	斤		
薯类	斤		
其他杂粮	斤		
22. 家庭的粮食作物收入	元		
23. 家庭的经济作物播种面积			
其中：油菜	亩		
棉花	亩		
作物 3（具体填写）	亩		
作物 4（具体填写）	亩		
其他（具体填写）	亩		
24. 家庭的经济作物收入	元		

指标	单位	您的答案	备注
25. 家庭的蔬菜种植面积	亩		
26. 家庭的蔬菜销售收入	元		
27. 家庭的家禽家畜存栏情况			
其中：鸡	只		
鸭	只		
鹅	只		
牛	头		
羊	头		
猪	头		
其他	头		
28. 家庭的家禽家畜出栏收入	元		
29. 家庭的家禽家畜养殖方式			
A. 圈养			
B. 放养			
C. 其他			
30. 家庭的其他养殖业产品产量			
如：蜂蜜	斤		
蚕茧	斤		

指标	单位	您的答案	备注
水产品	斤		
其他	斤		
31. 家庭的其他养殖业收入	元		
32. 家庭的木材采伐数量	立方米		
33. 家庭的木材采伐收入	元		
34. 家庭的竹材采伐数量	公斤		
35. 家庭的竹材采伐收入	元		
36. 家庭的林副产品采集数量,			
其中：菌类	斤		
野生中药材	斤		
竹笋	斤		
山野菜	斤		
其他	斤		
37. 家庭的林副产品采集收入	元		
38. 家庭的种植中药材产量	斤		
39. 家庭的种植中药材收入	元		
40. 家庭的培植木耳、香菇产量	斤		
41. 家庭的培植木耳、香菇收入	元		

指标	单位	您的答案	备注
42. 家庭的培植木耳、香菇消耗木材	立方米		
43. 家庭的经济林产品产量 其中：茶叶	斤		
干果	斤		
鲜果	斤		
调料	斤		
44. 家庭的经济林产品收入	元		
45. 家庭是否从事旅游接待服务	是：1，否：0		
46. 如是，家庭从事旅游接待服务内容			
A. 家庭旅馆	是：1，否：0		
B. 旅游纪念品加工出售	是：1，否：0		
C. 餐饮服务	是：1，否：0		
D. 开办商店	是：1，否：0		
E. 导游服务	是：1，否：0		
F. 运输服务	是：1，否：0		
G. 其他	是：1，否：0		
47. 家庭从事旅游接待服务收入	元		
A. 增加			

指标	单位	您的答案	备注
B. 减少			
C. 很难说			
48. 家庭中县内务工人数	人		
49. 家庭中县内务工收入	元		
50. 家庭中县外务工人数	人		
51. 家庭中县外务工收入	元		
52. 家庭在自然保护区内务工人数	人		
53. 家庭在自然保护区内务工收入	元		
54. 家庭的林业生态工程管护（天保、公益林、退耕等）收入	元		
55. 家庭在乡镇或村内工矿企业务工收入	元		
56. 家庭的其他收入（请具体列明）	元		
57. 家庭总支出	元		
其中：经营性费用支出	元		
购置生产用固定资产	元		
家庭教育医疗支出	元		
家庭生活消费品支出	元		
家庭其他支出	元		

指标	单位	您的答案	备注
58. 家庭使用燃料种类及消耗量			
A 薪柴	斤		
B 煤	吨		
C 秸秆	斤		
D 沼气	天		
E 电	度		
F 其他（注明）			
59. 如果家里使用薪材，薪柴的来源			
A. 自留山			
B. 责任山			
C. 集体统管山林			
D. 其他			
60. 家里没有使用沼气的原因			
A. 家里不养家畜			
B. 家里粮食播种面积减少			
C. 气候原因使用时间有限			
D. 修建费用较高			
E. 其他			

第三部分　社区参与

1. 近两年，您和您的家人参与村民大会的频率是：

（1）每次必参加

（2）只要没事都会去

（3）可去可不去

（4）没有去过

2. 您了解村中大事的最主要渠道是（单选）：

（1）手机微信群、公众号、QQ 群等网络传播渠道

（2）社区广播

（3）社区张贴栏

（4）村干部通知

（5）亲戚/朋友/熟人聚会告知

（6）其他渠道_____

3. 您对本届村委会的工作是否满意：

（1）非常满意

（2）比较满意

（3）一般

（4）不太满意

（5）很不满意

4. 您目前在村庄中的社会参与情况是：（请在下列符合您的观点处打"√"）

	没有	偶尔	说不清	有时	经常
1. 曾给所在区（市、县）提建议					
2. 曾给所在乡镇（街道）提建议					
3. 曾给所在村（社区）提建议					
4. 通过各种方式向政府有关部门反映情况/提出政策建议					
5. 在网上就国家事务、社会事件等发表评论、参与讨论					
6. 主动参与本地组织的捐款、志愿活动等					
7. 参与过本地政府主导的地区发展规划讨论					
向村两委提出关于村务工作的意见					
在公开场合对村中的公共事务发表自己的看法					
积极参与村中组织的各类活动					

第四部分　未来发展

1. 您是否参加了农业合作社？＿＿＿＿＿＿（注明名称）

（1）是

（2）否

2. 您愿意接受以下哪种销售方式？（可多选）

（1）网络平台销售

（2）农社（合作社）对接

（3）农超（超市）对接

（4）定制

（5）农产品+认养

（6）其他_____

3. 未来您家可能从事的产业是（　　），具体为_____

（1）第一产业（务农）

（2）第二产业（农副食品加工、纺织业、房屋建筑业等）

（3）第三产业（旅游业、交通运输、批发零售、仓储邮政、信息传

输、快递服务业、

金融业、居民服务和企业服务等）

4. 您认为影响您家庭改善生计最为重要的因素有哪些？（可多选）

（1）自然资源、环境（如：耕地）

（2）劳动力数量和文化水平

（3）家庭住房及固定资产拥有状况

（4）家庭现金收入、储蓄及获得贷款的能力

（5）参与社会组织、技术培训、劳动力转移方面的帮助

（6）其他_____

5. 您认为现阶段提高生活水平，最需要做的事情是：

（1）提高农业生产和收入

（2）加强技术培训

（3）促进劳务输出增加外出打工机会

（4）加强基础设施建设和公共服务水平

（5）就地发展乡镇企业解决就业

（6）改善子女上学及看病难的状况

（7）其他_____

问卷问题到此结束，感谢您的配合！